LÁZARO REDIVIVO

FRANCISCO CÂNDIDO XAVIER

LÁZARO REDIVIVO

Pelo Espírito
IRMÃO X

FEDERAÇÃO ESPÍRITA BRASILEIRA

ISBN 978-85-7328-602-1

B.N. 7.328

12ª edição – *Do 86º ao 88º milheiro*

000.3-O; 01/2009

Capa: Julio Moreira

Projeto gráfico: Claudio Carvalho

Composição e editoração:
Departamento Editorial e Gráfico – Rua Sousa Valente, 17
20941-040 – Rio de Janeiro (RJ) – Brasil
CNPJ nº 33.644.857/0002-84 I.E. nº 81.600.503

Pedidos de livros à FEB – Departamento Editorial
Tel.: (21) 2187-8282, FAX: (21) 2187-8298.

CIP-BRASIL. CATALOGAÇÃO-NA-FONTE
SINDICATO NACIONAL DOS EDITORES DE LIVROS, RJ.

I67L
12. ed.

Irmão X (Espírito)

Lázaro redivivo / ditado pelo Espírito Irmão X; [psicografado por] Francisco Cândido Xavier. – 12. ed. – Rio de Janeiro: Federação Espírita Brasileira, 2009

288p.; 21cm

ISBN 978-85-7328-602-1

1. Espiritismo. 2. Obras psicografadas. I. Xavier, Francisco Cândido, 1910--2002. II. Federação Espírita Brasileira. III. Título.

08-5562. CDD 133.93
CDU 133.9

18.12.08 29.12.08 010292

Sumário

X

Lázaro Redivivo

Conta-se que Lázaro de Betânia, depois de abandonar o sepulcro, experimentou, certo dia, fortes saudades do Templo, tornando ao santuário de Jerusalém para o culto da gentileza e da camaradagem, embora estivesse de coração renovado, distante das tricas infindáveis do sacerdócio.

Penetrando o átrio, porém, reconheceu a hostilidade geral.

Abiud e Efraim, fariseus rigoristas, miraram-no com desdém e clamaram:

— É morto! É morto! Voltou do túmulo, insultando a Lei!...

Ambos os representantes do farisaísmo teocrático demandaram os lugares sagrados, onde se venerava o Santo dos Santos, num deslumbramento de ouro e prata, marfim e madeiras preciosas, tecidos raros e perfumes orientais, espalhando a notícia. Lázaro de Betânia, o morto que regressara da cova, zombando da Lei e dos profetas, trazia, ali, afrontosa presença aos pais da raça.

Foi o bastante para revolucionar fileiras compactas de adoradores, que oravam e sacrificavam, supondo-se nas boas graças do Altíssimo.

Escribas acorreram apressados, pronunciando longos e complicados discursos; sacerdotes vieram, furiosos e rígidos, lançando maldições, e aprendizes dos mistérios, com zelo vestalino, chegaram, de punhos cerrados, expulsando o irreverente.

— Fora! Fora!

— Vai para os infernos, os mortos não falam!...

— Feiticeiro, a Lei te condena!

Lázaro contemplava o quadro, surpreendido. Observava amigos da infância vociferando anátemas, escribas que ele admirava com sincero apreço, vomitando palavras injuriosas.

Os companheiros irados passaram da palavra à ação. Saraivadas de pedras começaram a cair em derredor do redivivo, e, não contente com isso, o arguto Absalão, velha raposa da casuística, segurou-o pela túnica, propondo-se encaminhá-lo aos juízes do Sinédrio para sentença condenatória, depois de inquérito humilhante.

O irmão de Marta e Maria, contudo, fixou nos circunstantes o olhar firme e lúcido, e bradou sem ódio:

— Fariseus, escribas, sacerdotes, adoradores da Lei e filhos de Israel: aquele que me deu a Vida, tem suficiente poder para dar-vos a morte!

Estupor e silêncio seguiram-lhe a palavra.

O ressuscitado de Betânia desprendeu-se das mãos desrespeitosas que o retinham, recompôs a vestimenta e tomou o caminho da residência humilde de Simão Pedro, onde os novos irmãos comungavam no amor fraternal e na fé viva.

Lázaro, então, sentiu-se reconfortado, feliz...

No recinto singelo, de paredes nuas e cobertura tosca, não se viam alfaias do Indostão, nem vasos do Egito, nem preciosidades da Fenícia, nem custosos tapetes da Pérsia, mas ali palpitava, sem as dúvidas da Ciência e sem os convencionalismos da seita, entre corações fervorosos e simples, o pensamento vivo de Jesus Cristo, que renovaria o mundo inteiro, desde a Teologia sectária de Jerusalém ao absolutismo político do Império Romano.

IRMÃO X

Pedro Leopoldo (MG), 22 de dezembro de 1945.

1

Ante o Amigo sublime da cruz

Hoje, Senhor, ajoelho-me diante da cruz onde expiraste entre ladrões...

Amigo sublime, digna-te abençoar as cruzes que mereço!...

De ti anunciou o profeta que te levantarias junto do povo de Deus, como arbusto verde em solo árido; que não permanecerias, entre nós, como os príncipes encastelados na glória humana, e sim como homem de dor, experimentado nos trabalhos e sofrimentos; que passarias na Terra, ocultando tua grandeza aos nossos olhos, à maneira de leproso humilhado e desprezível, mas que, nas tuas chagas e nas tuas pisaduras, sararíamos as nossas iniqüidades, redimindo nossos crimes; que poderias revelar ao mundo a divindade de tua ascendência, demonstrando o teu infinito poder e que, no entanto, preferirias a suprema renúncia, caminhando como a ovelha muda para o matadouro; e que, embora assinalado como o Escolhido celeste, serias sepultado como ladrão comum... Acrescentou Isaías, porém, que, depois de teu derradeiro sacrifício, novas esperanças desabrochariam no plano escuro da Terra, através daqueles que seriam os teus continuadores, na abnegação santificante!...

E as tuas lágrimas, Senhor, orvalharam o deserto de nossos corações, e as abençoadas sementes de teus ensinamentos vivos germinaram no solo ingrato do mundo.

Mais de dezenove séculos passaram e tenho ainda a impressão de ouvir-te a voz compassiva, suplicando perdão para os algozes...

Ah! Jesus, compadece-te de minhas fraquezas e vem, ainda, balsamizar-me o coração ferido e desalentado! Ensina-me a despir a última roupagem de mundana esperança, dá-me forças para olvidar as últimas ilusões!

Sem que merecesses, atravessaste o caminho de dor, suportando o madeiro da ignomínia! Ajuda-me, pois, a suportar o madeiro de lágrimas que mereço, no resgate de meus imensos débitos!

Amigo sublime, que subiste o monte da crucificação, redimindo a alma do mundo, ensinando-nos, do cume, a estrada de teu Reino, auxilia-me a descer para o vale fundo do anonimato, a fim de que eu veja as minhas próprias necessidades, na solidão dos pensamentos humildes.

Mestre, que representa minha dor diante da tua? Quem sou eu, mísero pecador, e quem és tu, Mensageiro da Luz Eterna?

De quantas chagas necessita o meu frágil coração para expungir os cancros seculares do egoísmo, e de quantos açoites precisarei para exterminar o orgulho impenitente?

Abre-me a porta de tuas consolações divinas, para que me renove à luz de tua bênção!

Não te peço, Senhor, como o rico da parábola, a permissão de voltar ao mundo, a fim de anunciar aos que ainda amo a grandeza de teu poder; entretanto, rogo o teu auxílio, para que me não falte visão no caminho redentor. Não posso precipitar-me no abismo que separa a minha fragilidade da tua magnificência; todavia, posso atravessá-lo, passo a passo, como peregrino de tua misericórdia. Coração oprimido e cansado pelas sombras de minha própria alma, dá que me desfaça, sem custo, dos derradeiros enganos, antes de seguir mais firmemente a teu encontro! Despojado de meus transitórios tesouros, mãos limpas das jóias que me fugiram dos dedos trêmulos, concede-me o bordão dos caminheiros aparentemente sem rumo, por se destinarem aos países ignorados do Céu!

Rendo-me, agora, sem condições, ao teu amor infinito, confio-te minhas ansiedades supremas e meus sonhos mais ternos de lutador, e já que é necessário abandonar o meu velho cântaro de fantasias, troca-me a túnica das últimas vaidades literárias pelo burel humilde do viajor, interessado em atingir o berço distante, embora os atalhos difíceis e pedregosos!

Enche a solidão de meu espírito com a tua luz, como encheste de perdão, um dia, a noite de nossa ignorância! Desvenda-me a tua vontade soberana, para que eu me retire, sem esforço, das grades infelizes do capricho terrestre! Ainda que eu não possa divisar todos os escaninhos da nova senda, dá-me tua claridade misericordiosa, para que meus olhos imperfeitos não andem apagados.

Mestre, atende ao peregrino solitário que te fala, ao pé da cruz, com a dor sem revolta e com a amargura sem desesperação!

Amigo sublime, Tu, que preferiste o madeiro do sacrifício, entre o mundo que te repelia e o Céu que te reclamava, por amor aos homens e obediência ao Pai, orienta-me na jornada nova! Se é possível, retira da cruz a destra generosa que cravamos no lenho duro da ingratidão com as nossas maldades milenárias e abençoa-me para o longo roteiro a percorrer!

Tenho a alma sombria e enregelado o coração!

E enquanto passam, inquietas, as multidões ociosas do mundo, no turbilhão de poeira envenenada, fala-me, Senhor, como falavas aos paralíticos e cegos de teu caminho:

— Levanta-te e vai em paz! A tua fé te salvou!...

2

A escrava do Senhor

Quando João, o discípulo amado, veio ter com Maria, anunciando-lhe a detenção do Mestre, o coração materno, consternado, recolheu-se ao santuário da prece e rogou ao Senhor supremo poupasse o filho querido. Não era Jesus o Embaixador divino? Não recebera a notificação dos anjos, quanto à sua condição celeste?... Seu filho amado nascera para a salvação dos oprimidos... Ilustraria o nome de Israel, seria o rei diferente, cheio de amoroso poder. Curava leprosos, levantava paralíticos sem esperança. A ressurreição de Lázaro, já sepultado, não bastaria para elevá-lo ao cume da glorificação?

E Maria confiou ao Deus de Misericórdia suas preocupações e súplicas, esperando-lhe a providência; entretanto, João voltou em horas breves, para dizer-lhe que o Messias fora encarcerado.

A Mãe Santíssima regressou à oração em silêncio. Em pranto, implorou o favor do Pai celestial. Confiaria nele.

Desejava enfrentar a situação, desassombradamente, procurando as autoridades de Jerusalém. Mas, humilde e pobre, que conseguiria dos poderosos da Terra? E, acaso, não contava com a proteção do Céu? Certamente, o Deus de bondade infinita, que seu filho revelara ao mundo, salvá-lo-ia da prisão, restituí-lo-ia à liberdade.

Maria manteve-se vigilante. Afastando-se da casa modesta a que se recolhera, ganhou a rua e intentou penetrar o cárcere; todavia, não conseguiu comover o coração dos guardas.

Noite alta, velava, súplice, entre a angústia e a confiança.

Mais tarde, João voltou, comunicando-lhe as novas dificuldades surgidas. O Mestre fora acusado pelos sacerdotes. Estava sozinho. E Pilatos, o administrador romano, hesitando entre os dispositivos da lei e as exigências do povo, enviara o Mestre à consideração de Herodes.

Maria não pôde conter-se. Segui-lo-ia de perto.

Resoluta, abrigou-se num manto discreto e tornou à via pública, multiplicando as rogativas ao Céu, em sua maternal aflição. Naturalmente, Deus modificaria os acontecimentos, tocando a alma de Ântipas. Não duvidaria um instante. Que fizera seu filho para receber afrontas? Não reverenciava a Lei? Não espalhava sublimes consolações? Amparada pela convertida de Magdala, alcançou as vizinhanças do palácio do tetrarca. Oh! infinita amargura! Jesus fora vestido com uma túnica de ironia e ostentava, nas mãos, uma cana suja à maneira de cetro e, como se isso não bastasse, fora também coroado de espinhos!... Ela quis aproximar-se a fim de libertar-lhe a fronte sangrenta e arrebatá-lo da situação dolorosa, mas o filho, sereno e resignado, endereçou-lhe o olhar mais significativo de toda a existência. Compreendeu que ele a induzia à oração e, em silêncio, lhe pedia confiança no Pai. Conteve-se, mas o seguiu em pranto, rogando a intervenção divina. Impossível que o Pai não se manifestasse. Não era seu filho o escolhido para a salvação? Não era Ele a luz de Israel, o sublime revelador? Lembrou-lhe a infância, amparada pelos anjos... Guardava a impressão de que a Estrela brilhante, que lhe anunciara o nascimento, ainda resplandecia no Alto!...

A multidão estacou, de súbito. Interrompera-se a marcha para que o governador romano se pronunciasse em definitivo.

Maria confiava. Quem sabe chegara o instante da ordem de Deus? O Supremo Senhor poderia inspirar diretamente o juiz da causa.

Após ansiedades longas, Pôncio Pilatos, num esforço extremo para salvar o acusado, convidou a turba farisaica a escolher entre Jesus, o Divino Benfeitor, e Barrabás, o bandido. O coração materno asilou esperanças mais fortes. O povo ia falar e o povo devia muitas bênçãos ao seu filho querido. Como equiparar o Mensageiro do Pai ao malfeitor cruel que todos conheciam? A multidão, porém, manifestou-se, pedindo a liberdade para Barrabás e a crucificação para Jesus. Oh! — pensou a mãe atormentada — onde está o Eterno que não me ouve as orações? Onde permanecem os anjos que me falavam em luminosas promessas?

Em copioso pranto, viu seu filho vergado ao peso da cruz. Ele caminhava com dificuldade, corpo trêmulo pelas vergastadas recebidas e, obedecendo ao instinto natural, Maria avançou para oferecer-lhe auxílio. Contiveram-na, todavia, os soldados que rodeavam o condenado divino.

Angustiada, recordou-se repentinamente de Abraão. O generoso patriarca, noutro tempo, movido pela voz de Deus, conduzira o filho amado ao sacrifício. Seguira Isaac inocente, dilacerado de dor, atendendo a recomendação de Jeová, mas eis que, no instante derradeiro, o Senhor determinou o contrário, e o pai de Israel regressara ao santuário doméstico em soberano triunfo. Certamente, o Deus compassivo escutava-lhe as súplicas e reservava-lhe júbilo igual. Jesus desceria do Calvário, vitorioso, para o seu amor, continuando no apostolado da redenção; no entanto, dolorosamente surpreendida, viu-o içado no madeiro, entre ladrões.

Oh! a terrível angústia daquela hora!... Por que não a ouvira o Poderoso Pai? Que fizera para não lhe merecer a bênção?

Desalentada, ferida, ouvia a voz do filho, recomendando-a aos cuidados de João, o companheiro fiel. Registrou-lhe, humilhada, as palavras derradeiras. Mas, quando a sublime cabeça pendeu inerte, Maria recordou a visita do anjo, antes do Natal divino. Em retrospecto maravilhoso, escutou-lhe a saudação celestial. Misteriosa força assenhoreava-se-lhe do espírito.

Sim... Jesus era seu filho, todavia, antes de tudo, era o Mensageiro de Deus. Ela possuía desejos humanos, mas o Supremo Senhor guardava eternos e insondáveis desígnios. O carinho materno poderia sofrer, contudo, a vontade celeste regozijava-se. Poderia haver lágrimas em seus olhos, mas brilhariam festas de vitória no Reino de Deus. Suplicara aparentemente em vão, porquanto, certo, o Todo-Poderoso atendera-lhe os rogos, não segundo os seus anseios de mãe, e sim de acordo com os seus planos divinos!...

Foi então que Maria, compreendendo a perfeição, a Misericórdia e Justiça da vontade do Pai, ajoelhou-se aos pés da cruz e, contemplando o filho morto, repetiu as inesquecíveis afirmações:

— Senhor, eis aqui a tua serva! Cumpra-se em mim, segundo a tua palavra!

3

Carta aberta

Meu amigo, soube que vocês esperaram, em Sebastianópolis, um escritor já morto, com grande estardalhaço jornalístico.

À maneira do viajante que volta de longe, estranho na própria terra e irreconhecível aos seus, deveria ele descer de algum ônibus invisível e aparecer como fantasma autêntico, relacionando novidades e anedotas do país das sombras.

Segundo a tradição venerável do Evangelho, Jesus apareceu numa sala de portas cerradas, em Jerusalém, depois da ressurreição, mas somente aos discípulos amados, à luz da confiança na intimidade do coração, contando-se, ainda, que um deles, transformando-se, de chofre, em investigador renitente, avançou para o

Mestre, apalpando-lhe as chagas ainda vivas, como se o Cristo só pudesse ser identificado pelas feridas da cruz.

O escritor que vocês aguardavam, porém, era chamado a testemunho maior. Exigiam que ele retomasse os ossos carcomidos no apartamento de subsolo, onde seu corpo descansa, e viesse para a via pública discutir com os sacerdotes, confundir os médicos, esclarecer tabeliães e serventuários da justiça e mostrar, não somente as úlceras exclusivamente a um amigo, mas todas as suas vísceras à curiosidade popular.

Francamente, a expectação de vocês estarrecia a qualquer, embora compreenda com que naturalidade os vivos provocam os mortos, dentro do véu da carne, velho manto das ilusões.

Vocês, aí no mundo, enviam tantos amigos para o Céu e tantos inimigos para o inferno, tentando subverter a Justiça Divina, que não era demais requisitar a presença de um comentarista morto, recorrendo à justiça humana. E, observando os apuros do escritor desencarnado, recordei o artigo vigésimo das famosas instruções de Torquemada, segundo Llorente, que, por espírito de caridade na salvação dos hereges, recomendava aos inquisidores a exumação dos cadáveres dos escrevinhadores impenitentes, para responderem aos processos de lesa-fé, embora os réus só pudessem comparecer em atitude pouco higiênica, em virtude dos vermes que se lhes apossavam dos ossos. Felizmente, porém, para a tranqüilidade de todos nós, que já atravessamos as

cansadas... Conforta-nos, sobretudo, a certeza de que nos reuniremos uns aos outros, a fim de crescermos em sabedoria e compreensão.

Entretanto, recordando as antigas ilusões que também me dominaram, quando perambulei no vale de sombras da carne, e notando a desvairada paixão com que se reclamava a presença do morto, ouso terminar esta carta com uma interrogação. Teriam vocês, de fato, bastante desassombro e serenidade para ver tranqüilamente o fantasma e ouvir as revelações da morte?

4

Aos médiuns

Desde o momento em que as irmãs Fox, em Hydesville, começaram a suportar a ironia e a suspeita do próximo, por haverem estabelecido uma nova modalidade de comunicação com o Além, vocês todos, meus amigos, foram assinalados pelo mesmo destino.

Para os cristãos dos tempos apostólicos, não chegavam as cordas e as cruzes; para vocês, é preciso inventar novo gênero de sarcasmo e zombaria. Não basta o ridículo, faz-se necessária a perseguição.

Os soldados, no campo de batalha, mormente os que suportam a metralha da frente, adquirem vantagens perante as forças políticas que representam e, se feridos ou mutilados, recebem especial consideração. Vocês, todavia, combatentes pela vitória da espiritualidade, não gozarão semelhantes prerrogativas no mundo, porque a tarefa representativa de que são portadores obedece a títulos que vêm de mais alto.

Os sacerdotes das várias confissões religiosas da Terra, diplomados na cultura do século, desfrutarão garantias sociais respeitáveis em seu ministério de orientação das almas, ligados aos interesses temporais das facções a que servem, mas vocês lutarão nas vanguardas de trabalho pela restauração da fé viva e não terão horas de lazer, nem privilégios estabelecidos. Em atividade permanente para reduzir a invasão das sombras, chorarão em silêncio porque, como poucos, vocês conhecem as dores indizíveis e irremediáveis que não podem ser narradas pela boca para serem extintas no coração. Servirão sem tréguas, observados atentamente pela crueldade dos inimigos e ameaçados pela imprudência de muitos amigos, que não sabem onde situar o entusiasmo e o retraimento.

Porque os olhos de vocês divisam outros domínios vibratórios e os ouvidos registram sons que a maioria dos mortais não percebe, a calúnia lhes rondará a porta do lar, o ridículo seguir-lhes-á o nome. Por um amigo sincero, terão mil adversários gratuitos, e se caírem exânimes no combate silencioso, devido às deficiências e limitações corporais, muitos daqueles que lhes sorriam ontem perguntarão, maliciosos, se vocês atraiçoaram o mandato recebido. Muitas vezes, se o sono e as exigências do organismo dilatarem a pausa de repouso, indispensável ao mecanismo das células físicas, serão acusados de maus irmãos.

Por isso, muitos de vocês se retraem ao santuário doméstico, onde as glórias da confiança e do amor são lauréis imperecíveis da alma. Entretanto, sempre chegará o dia de enfrentar a longa e espessa floresta humana, onde os encarnados, em maioria, se batem como javalis ferozes, uns com os outros.

Não duvidem. As horas difíceis soarão sempre e é necessário armar o coração para os grandes testemunhos.

Consolem-se na certeza de que não sofrem inutilmente. Tempo virá em que os homens compreenderão que a mediunidade não está circunscrita a determinados seres. Todas as criaturas são instrumentos do bem ou do mal, médiuns do plano superior ou inferior, no campo infinito da vida. Ninguém foge à corrente de inspiração com que sintoniza. E todos os que marcharam na vanguarda da verdade e da luz sofreram o assédio da mentira e da treva, não obstante a sua condição de instrumentos da Providência Divina para o aperfeiçoamento e felicidade do mundo.

Localiza-os a História, em todos os tempos.

Giordano Bruno foi queimado por ensinar as Leis da Natureza. Galileu morreu cego, depois de sofrer, já septuagenário, escandalosas acusações por divulgar alguns detalhes das maravilhas celestes. Jan Hus, o precursor da Reforma, experimentou a fogueira. Gutenberg foi processado, entre dissabores e vicissitudes, terminando a existência em extremo infortúnio, na companhia de um clérigo que o recolheu caritativamente.

Pestalozzi, a princípio, era considerado mau aluno. Edison suportou o sarcasmo de técnicos e acadêmicos dos últimos tempos. Pasteur, em certa ocasião, na cadeira de Química do Instituto de Dijon, foi tido por medíocre. Para que intensificar as citações? Quase todos os que pugnaram com Jesus pelo mundo melhor, nos primeiros séculos do Cristianismo, receberam bofetadas e açoites, devassas e confiscações, pedradas de ingratos e insultos de ignorantes, servindo de pasto a feras, gemendo nos cárceres ou atados em postes de martírio. E como só a objetiva do tempo consegue fixar as verdadeiras imagens do bem, as gerações posteriores exaltaram-lhes os sacrifícios, aureolando-lhes o nome de glória universal.

Trabalhem e sofram, pois, amando a tarefa a que se consagraram, não só pelo resgate do passado, senão também pela sublime alegria de iluminação do presente. Lutem e esperem. Não somente vocês, mas todos os homens devotados ao trabalho construtivo e redentor do mundo, estejam na pobreza ou na prosperidade, nas Artes ou nas Ciências, nas letras dos livros ou nas leiras dos campos, são missionários da elevação da Terra, não a serviço das dominações efêmeras do planeta, mas em valiosa cooperação com aquele Rei coroado de espinhos.

5

Doce nome

Não obstante a defecção de Caim e o abandono de José, filho de Jacó, o nome de irmão é talvez um dos títulos mais doces que existem no mundo.

O verdadeiro amor fraternal não pede compensações, não experimenta ciúme, não é exclusivista. Reclama somente a felicidade do objeto amado, com a qual se contenta.

Jesus chamava irmãos a todos os seguidores de seu ideal divino, e seus legítimos continuadores viviam em comunidade fraternal.

Os cristãos martirizados nos circos penetravam na arena abraçados e felizes. Damas do patriciado davam as mãos a escravas misérrimas, unidas para o sacrifício.

Não se conheciam antes. As filhas dos romanos aristocráticos haviam nascido no berço da dominação, enquanto as servas dos nobres haviam chegado ao mundo à sombra do cativeiro. Enfrentavam, porém, as feras sacrílegas, de mãos entrelaçadas, porque o Evangelho do Reino Celeste lhes revelara o doce mistério da sublime fraternidade. Eram irmãs, diante do Eterno: era tudo o que podiam saber no supremo holocausto a Jesus Cristo, por quem vertiam o sangue generoso e renovador. Francisco de Assis, abnegado companheiro dos homens e da Natureza, sentia-se irmão do lobo de Gúbio, ao qual dirigia a palavra em nome de Deus. Paulo de Tarso, o apóstolo da gentilidade, escrevendo aos hebreus, que representavam o povo escolhido, recomenda-lhes, no versículo primeiro do capítulo 13, a conservação do amor fraternal.

Paulo tinha razões sérias para emitir o conselho porque, se não podemos opinar sobre o amor angélico, inacessível ainda ao nosso entendimento, podemos algo dizer sobre os afetos humanos. E nas atividades além do túmulo, a legítima ligação fraternal, sublime e constante, elevada e sincera, é talvez a única que jamais surpreende ou desconcerta. Constituindo reais exceções os enlaces das almas em união imperecível, na face do planeta, em regra geral os cônjuges, depois da morte, descobrem, por fim, que consumiram imensas quantidades de combustível das paixões para aprenderem a ser bons irmãos um do outro. Filhos e pais, nas mesmas circunstâncias, adquirem expressivos ensinamentos, em virtude dos imperativos da reencarnação.

Muitas vezes, a consangüinidade constitui o cadinho purificador.

O devotamento fraterno, porém, alcança culminâncias divinas. A realidade não lhe embacia o clarão, nem a morte lhe desfigura a beleza. Continua sempre, como as árvores generosas que dilatam as raízes, cobrindo-se de flores e de frutos.

O irmão não conhece os dramas passionais dos desejos desatendidos, não exige considerações exteriores, não solicita senão a ventura dos que lhe gozam o carinho e a dedicação. Por isso mesmo, embora estejamos muito distantes da plena execução da regra áurea, a Humanidade não será integralmente feliz enquanto o amor fraternal não estabelecer o seu império no mundo.

Semelhantes considerações vieram-me ao raciocínio, ao receber a visita de uma senhora recentemente desencarnada. A pobre criatura, ainda estremunhada, ao acordar de longo pesadelo terrestre, perguntou-me por certo escritor que já se livrou do corpo enfermo há alguns anos.

Ante minha surpresa, explicava-se, atenciosa:

— Trata-se dum homem de letras que escreveu na mocidade algumas páginas cômicas do anedotário fescenino, tornando-se na idade madura um grande amigo dos que sofriam, pela sua nova compreensão.

— Já sei — disse-lhe sorrindo —, a princípio ele molhava a pena no vermelhão com que se pintam os palhaços inteligentes para atender as exigências do público, em seguida ensopou-a no vasto tinteiro das lágrimas. Começou bebendo o vinho adocicado da fantasia para vomitar, mais tarde, o vinagre amargoso do desengano.

— Isso mesmo — respondeu, curiosa.

E acrescentou:

— Esse homem morreu e continuou escrevendo. Ninguém o via, nem o ouvia. Entretanto, à maneira do viajante que manda notícias de longe, prosseguiu, animando os companheiros de luta, falando-lhes do estranho e belo país a que fora recolhida sua alma, sendo reconhecido por todos nós, através de seu pensamento mais vivo que nunca. Ser-me-á tão difícil encontrá-lo?

Observando-me o silêncio, pronunciou um nome que me era familiar.

Interrompi-a, porém, espantado, acentuando:

— Ouça, minha amiga! Chame-o pelo “doce nome”.

— Doce nome?

— Sim, chame-o “irmão” e talvez compareça ao seu encontro.

E porque a interlocutora revelasse profundo assombro no olhar, esclareci, bem-humorado:

— Conheço a pessoa que procura, e devo-lhe, boa irmã, explicações. Como a senhora sabe, o nome é uma túnica com que nos diferençamos uns dos outros. Ora, na Terra, o único manto que valia a pena ser disputado era, efetivamente, o do Cristo, sobre o qual os soldados lançaram a sorte. Como não ignora, alguns amigos do companheiro a que se refere, exigiram-lhe, por entusiástico amor, a túnica, depois do transe definitivo do corpo, e ele, receoso de uma consagração que não merecia, pediu a Deus um traje novo e atirou seu antigo manto no vale sombrio do esquecimento e da morte.

6

Quem avisa...

Conta-se que um cômico célebre, em pleno espetáculo, recebeu, no entreato, um telegrama triste, anunciando-lhe a morte do pai. Desatando as lágrimas, voltou à ribalta em suprema consternação, comunicando à platéia: "Meus senhores, acabo de ser informado de que meu pai morreu!..." Ao invés, porém, da compunção dos ouvintes, recebeu estonteantes aplausos. O público ria gostosamente, acreditando na continuação da peça, embora o patético a caracterizar-se no rosto angustiado do artista. Naquele instante, seu coração era uma fonte de lágrimas, sustentando um rio de gargalhadas.

Onde a culpa do infeliz?

Há pessoas que nascem na Terra com o dom de chorar para que outros desenvolvam a faculdade de rir.

A propósito, conheço um homem que viveu alguns anos no mundo escrevendo anedotário venenoso, que muitos leitores consumiam, ávidos, no silêncio de salas desertas. Cavalheiros respeitáveis e senhoras bem-postas, jovens de ambos os sexos, recolhiam-se, de quando em quando, em obscuros recantos da casa, cultivando a perfídia sorridente e a ironia maliciosa. Liam com interesse, lembravam pessoas de suas relações, emoldurando-as nos quadros que a leitura lhes sugeria e, não raro, cerravam a porta, a fim de viverem, mais intensamente, as impressões recolhidas.

O pobre autor desempenhava atribuições de escriba popular. Nas ruas, nos cafés, nas bancas de jornais, nas rodas de amigos, surpreendia todas as notas picantes, aproveitando-as em molho de escândalo na frigideira da gramática para o consumo geral. Os fregueses eram numerosos e, por isso, não era pequeno o trabalho das linotipos.

O comentarista alegre, contudo, se fazia rir como Triboulet, o palhaço, a fim de ganhar a vida, no fundo de si mesmo desejava ser como Epaminondas, o tebano ilustre que morreu amando as realizações honestas. E mais tarde, ao apagar das luzes, ele, que vendia risos, passou a exportar sofrimentos. Com a renovação espiritual, modificou-se-lhe a clientela. Suas páginas não mais figuravam entre as leituras secretas guardadas a sete chaves. Eram, agora, folhas pálidas de filosofia da desilusão, da sombra, do destino e da dor.

Encontrou, nessa fase, amizades mais sólidas. Junto daqueles que colhem as rosas da existência humana, inumeráveis são as fileiras dos que trabalham entre os espinhos e, se alguns espíritos jovens estão bailando despreocupados, no festim da vida carnal, são incontáveis os corações amadurecidos que velam, súplices, nas trevas da noite. Em vista disso, talvez, encontrou ele simpatias novas, mais claras e mais sinceras.

Mergulhado nesse campo de vibrações diferentes, transferiu-se para o castelo da morte, onde, surpreendido, encontrou as profundas e maravilhosas revelações da vida. Renovado, feliz, prosseguiu escrevendo para os companheiros de luta, reavivando-lhes a esperança no naufrágio das ilusões. Como marinheiro experiente, sentindo a inesperada segurança da praia, atirava salva-vidas aos irmãos de sonho, que se debatiam a distância, na fúria das águas móveis e traiçoeiras.

Mantinha-se nesse labor, quando os admiradores de sua primeira fase de serviço, velhos cultivadores da malícia humana, gritaram do alto de sua superioridade:

— Ele? Impossível. Como falar do Céu, quem se agarrava freneticamente à Terra?

— É mentira! Ele não tinha fé!

— Como é isso?! há subversão na ordem espiritual? A pregação do bem estará confiada aos impenitentes da vida humana?

O pobre comentarista desencarnado começou a receber acusações e pedradas. Alguns adversários gratuitos, se pudessem, levantá-lo-iam do túmulo para afrontá-lo a pancadas. Surgiram discussões, perseguições, atritos.

Impressionado e comovido com as torturas de que o amigo era vítima, procurei-o, em pessoa, não só para confortá-lo, mas também para recolher-lhe as íntimas impressões. Não fui encontrá-lo, porém, descabelado, a gritar, como personagem de ópera, em desespero. Revelava-se calmo, sereno, seguro de si mesmo; e, cheio de compreensão pelas fraquezas do próximo, terminou a palestra, esclarecendo com um sorriso:

— Não, meu amigo, não estou desalentado. Se estivesse por lá, no turbilhão, talvez fizesse pior. Se ainda me demorasse na carne e soubesse que um homem, como eu, andava escrevendo sobre a iluminação eterna da alma, depois da morte do corpo, admitiria tudo, menos a realidade. Muitos me acusam, gratuitamente, classificando-me de escritor venenoso, mas... que fazer?

Fez longa pausa, mostrou maior lucidez no olhar compreensivo e concluiu:

— Não me preocupo, agora, por mim, que tenho a felicidade de resgatar o passado. Como é natural, todavia, preocupo-me pelos meus antigos clientes, porque se me conhecem tão bem, dão testemunho de que me leram com atenção. Leram e gostaram. E se eu, presentemente, trabalho para destruir a árvore que plantei, eles que se preparem diante do futuro, porquanto é provável que quase todos tenham de vomitar os frutos que ingeriram gostosamente.

7

Em ação de graças

Por que razão continuam os mortos a escrever para os vivos? Não sabem outra coisa?

Com a difusão do Espiritismo, recrudesceu a reação do comodismo. Algumas escolas religiosas, interessadas no "deixa estar como está para ver como fica", ensinam que os mortos não voltam e, embora exaltem a divindade do Espírito, apregoam que o homem é simplesmente pó e que em pó se tornará. Por isso, as criaturas mais generosas deitam algumas pitadinhas de poeira sobre os cadáveres dos amigos, quando a carne volve à comunhão mais íntima com a Natureza, e, se consagram verdadeira afeição ao morto, mandam repetir nos sepulcros o velho epitáfio: "que a terra te seja leve". Os companheiros mais sérios, terminado o funeral, ainda lêem algumas linhas do Eclesiastes, no capítulo em que o profeta alude às cinzas das vaidades humanas; entretanto, mesmo esses, no dia seguinte, entram no gracioso cordão das anedotas biográficas do extinto. Há sempre alguma coisa engraçada a recordar. Quando voltam eventualmente à necrópole, pisam-lhe, indiferentes, os ossos encerrados na sepultura despercebida.

Desconhecem o pensamento que Horácio enunciou em sua *Arte Poética*, há muitos séculos: "Estamos destinados a morrer, nós e tudo que é nosso". E, em razão disso, os homens de carne querem destruir, calmamente, as oportunidades edificantes do dia.

Aos defuntos, o repouso eterno. Para eles, a ronda alegre da vida.

Enquanto se desdobra o complicado serviço das exéquias, há sempre mãos piedosas que fazem excelente refeição para quantos reverenciem os trespassados.

É preciso concertar providências e inventariar os bens que ficaram. Se o morto deixa pecúlios substanciosos, a dor pesa mais fortemente nos olhos; mas, se o espólio é constituído por débitos comprovados, o sofrimento pesa muito mais no coração, pelo agravo das responsabilidades.

De qualquer modo, porém, que os falecidos se arranjem no país das sombras, porque os vivos são bons equilibristas no trapézio do grande circo da existência humana. A necessidade modifica as situações, e a folhinha mostrará anotações diárias e sempre novas do tempo.

Os mortos, contudo, que se faziam sentir, com raridade, desde a recuada época em que Saul lhes proibia as manifestações, para recorrer, ele mesmo, à vidente de Êndor, a fim de ouvir os conselhos de Samuel, então asilado no "outro mundo", começaram a invadir o planeta com as suas mensagens e sinais, desde o século XIX.

— Afinal de contas, que movimento era aquele? — perguntavam os mais tolerantes.

Os mensageiros invisíveis, que iniciaram o empreendimento como telegrafistas do Além, batendo nas paredes e nos móveis da residência modesta de obscuro vilarejo americano, rapidamente espalhavam manifestações pelas mais cultas capitais européias. Os céticos não conseguiam compreender. No século da locomotiva, do telefone, do rádio e da anestesia, tudo aquilo seria superstição.

E começou a batalha gigantesca entre as novas luzes e as velhas sombras secularmente estabelecidas.

Junto do trigo dos espiritistas sinceros, cresceu o joio dos espiritófobos intransigentes.

No Brasil dos últimos tempos, acirrou-se o duelo das opiniões.

Que motivo compele os mortos a se comunicarem com os vivos? Não teriam encontrado bastante sossego no "outro mundo"? São assim agradáveis as seduções do vale das sombras, a ponto de se desinteressarem das prometidas delícias do Céu?

O fogo cruzado da crítica estabelece a conceituação apressada. Os canhões da grande imprensa assestam contra doutrinadores e médiuns, que lhes suportam os disparos.

É a tempestade, porém, que seleciona e purifica. E essa tormenta, em nossa terra, é provocada por homens curiosos e cultos, alegres e gozadores. Quase todos eles, no fundo, são como Alcibíades, o discípulo amado de Sócrates, que era naturalmente generoso, filho admirável da fortuna e da inteligência, mas que estimava o exibicionismo e chamava para si a atenção popular, a qualquer preço, ainda mesmo cortando a cauda do cão que merecia o louvor de Atenas.

No que se refere às minhas atividades humildes de comentarista desencarnado, estou satisfeito com as irrequietas interrogações dos nossos patrícios, embora não possa nem deva responder a elas.

Narra-nos Lucas, no capítulo 17 de seu Evangelho, que dez leprosos foram atendidos pelo Senhor, que lhes recomendou se mostrassem aos sacerdotes do Templo. Cumpriram-lhe a ordem e foram curados. Um deles, samaritano desprezível, vendo-se reintegrado na saúde, regressou, encantado e feliz, aos pés do Cristo, rendendo graças.

Também eu, curado da lepra da vaidade que me ensombrava a alma, pela compaixão do Divino Médico, torno ao serviço dele, para testemunhar reconhecimento. Dos outros leprosos que se limparam em minha companhia, não posso dar notícias. Sei apenas de mim que voltei, não a serviço dos homens, mas em tarefa gratulatória, revelando-me aos companheiros de luta, para que procurem o Senhor, não como doentes, e sim na qualidade de cooperadores fiéis.

Diz, porém, a velha quadra que "até nas flores se encontra a diferença da sorte". Assim será sempre, em todos os setores da Natureza. As andorinhas, por exemplo, acompanham a primavera, voando no espaço amplo, mas os sapos cantam, alegres, quando há mais lodo nas águas barrentas do pântano.

8

Conquista e liberdade

Quase todas as criaturas guardam ciosamente as disposições da avareza. Seja entre as possibilidades do dinheiro ou da inteligência, do favor público ou da autoridade, a tendência de amontoar caracteriza a maioria dos homens. O tirano congrega fâmulos e turiferários, como os magnatas monopolizam os grandes negócios materiais. Os pregadores, quase sempre, estimam os ouvintes, não pela qualidade, mas pelo número. Os escritores, em geral, sentem-se desvanecidos com as gentilezas da multidão. Não importa se o simpatizante de suas obras é algum êmulo de José do Telhado. Sabem apenas que a lista de seus leitores relaciona mais um. Madame de Staël reunia admiradores para a sua inteligência. Ninon de Lenclos arrebanhava adoradores para a sua beleza.

Minúsculos sóis revestidos de lama, quase todos os Espíritos encarnados exigem satélites para a sua órbita. Quanto maior a corte de pessoas, situações, problemas e coisas, maior importância atribuem a si mesmos. No entanto, em vista da exatidão da contabilidade divina, os conquistadores humanos convertem-se, aos poucos, em escravos das próprias conquistas. Exigem as grandes naus para singrarem o mar da vida, mas Deus, à medida que lhes satisfaz os caprichos, decuplica-lhes as obrigações e tormentos. Alexandre Magno, rei da Macedônia, submeteu a Grécia, venceu a Pérsia, conquistou o Egito, tomou Babilônia e morreu, atacado de febre maligna, aos 33 anos, dividindo-se-lhe o vasto império entre os generais de suas aventuras sangrentas. Napoleão Bonaparte, após distribuir coroas na Europa, improvisando príncipes e administradores, sob as volutas de incenso do poder, morre, melancolicamente, em Santa Helena, como fera acuada num cárcere defendido pela extensão do mar.

Nem todos passam no mundo, agraciados pelo favor das armas, como Alexandre e Napoleão; todavia, copiando-lhes o impulso, quase todos os homens e mulheres da Terra são teimosos conquistadores a se mergulharem, cada dia, nas pesadas e angustiosas preocupações por novos troféus. Reclamam incessantemente mais tesouros, garantias, facilidades, distrações e prazeres. As aquisições a que se agarram, porém, efetuam-se no campo da morte. Intensificam a satisfação egoística do corpo jovem, obtendo a velhice prematura. Amontoam dinheiro para serem escravos de sua defesa.

Raríssimos Espíritos encarnados se recordam da conquista de si mesmos, na posse gradual da virtude santificante e da sabedoria libertadora. E é por isso que, terminada a lição carnal, penetram no pórtico do túmulo, como grandes desesperados, lastimando a perda do instrumento físico.

É necessário libertarmo-nos, para que compreendamos a liberdade. E, sem luz no coração, é impossível fugir ao jogo de sombra das conquistas exteriores. Não preconizamos a impassibilidade que alguns budistas aconselham, a distância dos ensinamentos reais do Gautama. Proclamamos a necessidade do trabalho das mãos com a iluminação do entendimento.

A morte esperará todas as criaturas em seu campo de verdade. E ao influxo de sua luz, devemos restituir ao mundo todos os patrimônios exteriores que ajuntamos, em nossa mania de conquistar ao inverso, revelando o que amontoamos, dentro de nós, para a verdadeira vida.

Terá bastante força a palavra dos mortos para despertar a consciência dos vivos? Não acredito. Mas se Jesus, que é o Divino Senhor da Humanidade, continua semeando a verdade e o bem, por que deixaríamos, nós outros, de semear?

O mundo de carne é vasta esfera, cheia de berços luminosos, onde a vida é provável, e repleta de sepulturas sombrias, onde a morte é fatal.

Bias, o sublime cidadão de Priena, viveu para a bondade e para a sabedoria, no serviço aos semelhantes.

Filósofo eminente e sábio generoso, era o amigo de todas as classes, e nunca se escravizara às posses efêmeras, nem conspurcara a consciência ouvindo as sugestões do mal.

Quando os soldados de Ciro ameaçavam a cidade com invasão e ruínas, seus compatriotas amealhavam, apressadamente, seus pequenos tesouros domésticos para a retirada. Homens e mulheres, velhos e crianças, atropelavam-se uns aos outros, tentando salvar, com êxito, as jóias e haveres, os perfumes e tapetes custosos. Observando, porém, que o sábio se mantinha calmo e indiferente às inquietações da hora, interpelaram-no quanto à carga que deveria conduzir, mas, com espanto, ouviram-no informar: "Eu trago tudo comigo!".

Guardava o nobre cidadão seus patrimônios inalienáveis de bondade, retidão e inteligência.

No supremo instante da morte, quando nos sitiam as armas invisíveis da realidade, ai daqueles que não puderem repetir a inesquecível informação do filósofo aos companheiros em desesperação!

A ignorância estabelece o *cativeiro*, mas a sabedoria oferece a liberdade.

Se as conquistas do homem restringem-se ao plano das aquisições externas, com o desconhecimento do caráter transitório da existência humana, chegado o momento decisivo em vão tentará carregar alfaias e adornos, vestuários e depósitos terrestres, porque, em verdade, não ficará pedra sobre pedra.

9

Por amor a Deus

Diz antigo rifão que "mortalha não tem bolso". A filosofia popular quer dizer que para os mortos terminaram todos os interesses. A maioria dos homens observa na morte o ponto final da vida. Nessa conceituação do transe derradeiro do corpo físico, os sentimentos mais belos que exornam a personalidade desaparecem com o cadáver, no banquete dos vermes.

Comumente, as criaturas temem a grande transformação. No leito dos moribundos, verifica-se o duelo cruel, em que a morte é sempre o adversário vitorioso. Não prevalecem aí os regulamentos alusivos à idade dos contendores, não prepondera o parecer dos médicos, nem o ritual dos sacerdotes. O inimigo invisível triunfa sempre, deixando às testemunhas amedrontadas os despojos do vencido, com passagem direta para o forno crematório ou para as estações subterrâneas, onde os ossos do morto repousarão, de acordo com as possibilidades financeiras da família. Há túmulos gloriosos, como os cenotáfios ilustres; e multiplicam-se, em toda parte, as sepulturas humildes, através das quais os filhos dos homens adubam incessantemente o solo, enriquecendo-o de húmus fecundante.

A alma do morto, porém, segue a sua trajetória. Impossível extinguir nela os sentimentos, as disposições interiores, as características, os afetos, que se espiritualizarão, vagarosamente, com o tempo e com o auxílio do Divino Poder. E porque as afinidades psíquicas são fatais como as leis biológicas, os desencarnados freqüentemente gastam anos a desatar os laços que os prendem ao mundo, quando é preciso, de fato, desfazê-los, consoante os imperativos da evolução espiritual.

Muitos deles, dos que já atravessaram a corrente do Estige, desejariam a libertação imediata de todas as influências terrestres. Entretanto, a alma é a sede viva do sentimento e de modo algum poderiam trair o coração. Constrangidos a seguir os vivos pela amorosa atração que lhes vibra no ser, demoram algum tempo entre as sombras que se estendem do fundo vale da incerteza ao monte luminoso da decisão.

Existiu um jovem irlandês, de nome Cornélius Magrath, que morreu aos 22 anos, com a estatura de mais de dois metros e meio. Tendo despertado muito interesse da Ciência pelo seu caso de gigantismo, pediu aos amigos e pagou para que seu corpo fosse atirado ao mar, quando a morte lhe arrebatasse a vida. Todavia, malgrado o seu desejo, a Medicina da Inglaterra adquiriu-lhe o esqueleto, que foi conservado atenciosamente na Associação dos Cirurgiões de Londres, com objetivo de estudo.

Ocorre o mesmo com alguns mortos da Terra, que suplicam e pagam para que sua alma seja atirada ao oceano do esquecimento, de modo a se subtraírem à curiosidade dos vivos; mas a redenção exige o contrário e o Espírito semiliberto permanece, por tempo indeterminado, na vizinhança dos homens, atendendo, muitas vezes, a imposições estranhas à sua própria vontade.

No quadro de obrigações dessa natureza, temos um companheiro que recebeu a incumbência de demorar alguns anos entre as associações terrenas, para suportar as dolorosas trepanações dos que fazem a cirurgia dos estilos, com objetivo de esclarecimento geral. Sofria bastante, na submissão a esse processo de auxiliar a Ciência, porque nem todos os cirurgiões o examinavam com a precisa assepsia espiritual, mas obedecia, satisfeito, consciente de cooperar na solução de grandes problemas do destino e da morte. No desenvolvimento de seus misteres, todavia, foi assaltado pelo incoercível desejo de revelar-se aos amigos de outro tempo, encasulados na carne, e, para tanto, começou a escrever-lhes páginas sentidas de carinho e saudade, vazando-as com o sentimento de seu coração. Seus companheiros antigos, porém, não lhe compreenderam as novas disposições. Uniram-se aos intransigentes cirurgiões da literatura e exigiram que o desencarnado viesse atendê-los, tal qual vivera no mundo, cheio das enfermidades e idiossincrasias oriundas dos vários agentes físicos que lhe determinavam a organização psíquica defeituosa. Sensível e afetuoso, ele lhes entregou os pensamentos mais nobres, porém os amigos reclamaram-lhe as vísceras mais grosseiras; trouxe-lhes as idéias novas que lhe banhavam o íntimo, entretanto, requisitaram-lhe as velhas fórmulas que, noutra época, lhe encarceravam o ser; dedicou-lhes a expressão mais alta de sua vida espiritual, mas pediram-lhe a revelação da vida mais baixa, com a apresentação das próprias glândulas doentes que a terra guardou para felicidade dele.

Algo preocupado, procurou o esclarecimento dos orientadores do serviço. Expôs o seu caso, comentou suas mágoas e apresentou suas razões.

Um deles, porém, o que chefiava o trabalho geral, pelo tesouro de amor e sabedoria que ajuntou no curso dos séculos, respondeu com serenidade:

— Cale em seu coração, meu filho, as angústias do homem antigo. Volte ao seu campo de ação e satisfaça a própria consciência. Todo particularismo é cárcere. Lembre-se de que as dádivas do Pai são comuns a todos nós, que as idéias não têm nome e de que o espírito é universal.

Nem mais uma palavra. O companheiro sorriu, trocou o manto roto, calçou duas sandálias novas, voltou ao serviço e, como aconteceu ao jovem irlandês que prosseguiu exibindo os ossos, por interesse da Ciência, ele continuou a espalhar as sementes das idéias, por amor a Deus.

10

O diabo

— Imaginem — dizia-nos um amigo, em agradável tertúlia, no plano espiritual — se alguns desencarnados, em desesperação, aparecessem, de improviso, entre as criaturas humanas, reclamando supostos direitos deixados na Terra. Gritando os tormentos que lhes dilaceram a alma, vomitando impropérios e blasfêmias, não seriam considerados um bando de demônios? Irreconhecíveis, urrando de dor selvagem, humilhados e vencidos, tentando, debalde, retomar as expressões físicas que ficaram nos cadáveres, seriam tomados por monstros infernais, repentinamente soltos na via pública.

— É verdade! — considerou um companheiro, melancolicamente. — Ninguém no mundo teria dificuldades em identificá-los como os velhos demônios da Antigüidade. Os infelizes, desse jaez, personificariam perfeitamente, ante a observação popular, os Lucíferes, os Belcelins e os Astarots de recuados tempos. Os fantoches da dor sempre surgem ao entendimento infantil como gênios do mal.

Fez pequeno intervalo, sorriu e acentuou:

— Bastaria, porém, leve exame para que atingissem o conhecimento real; os diabos seriam, de fato, seres horrendos, mas não repugnantes, nem espantosos.

Ouvindo-lhes as referências, lembrava a personagem satânica do livro de Lesage, a perturbar as casas madrilenas, levantando-lhes os telhados; e, demonstrando que me percebia os pensamentos mais íntimos, outro amigo acrescentou:

— As lendas de Asmodeu e Mefistófeles, no fundo, não terão origem diferente. Certo, a visão mediúnica favoreceu, entre os homens, a notícia dos tipos deploráveis que hoje conhecemos e dos quais Dante, em outro tempo, recebeu leves informes que enfeixou em seu poema célebre, de acordo com as suas tendências, conceitos e predileções de homem.

Nesse instante, um companheiro, ancião de muitas jornadas terrestres, fixou em nós o olhar percuciente e calmo e, valendo-se, talvez, da pausa mais longa, observou sensatamente:

— Todos sabemos que a Criação inteira é obra infinita de Deus e não podemos ignorar que todos os seres do Universo, desde as notas mais baixas aos cânticos mais altos da Natureza, no campo ilimitado da vida, são portadores da centelha imortal da Divindade. Em todos os departamentos sem-número dos mundos inumeráveis palpita o amor, existe a ordem, permanece o sinal da prodigiosa herança da vida. Por isso mesmo, irmãos, toda expressão diabólica é perversão da bênção divina. Onde esteja a perturbação da harmonia universal, aí se encontra o adversário do Senhor. Vocês aludem, com muita oportunidade, aos mortos que se congregam em desespero, formando monstruosas paisagens, em que duendes, sem rumo, procuram, em vão, insinuar-se na existência dos homens da Terra. Se o olho humano pudesse identificá-los, possivelmente cessaria a continuação da vida na carne. Coletividades inteiras abandonariam o templo do corpo físico, tomadas de infinito e indomável pavor.

Escutávamos a palavra sábia em silêncio. E porque o intervalo se fizesse mais longo, o bondoso ancião, à maneira dos antigos filósofos gregos, rodeados de ouvintes atentos, continuou, com expressão significativa:

— Assistia pessoalmente a uma aula de sabedoria, numa das cidades espirituais dos círculos de Marte, quando surpreendi uma lição interessante. Velho orientador de entidades inexperientes e juvenis comentava a existência dos inimigos da obra divina e explicava-se:

— O diabo existe como personificação do desequilíbrio.

— Como poderíamos caracterizá-lo? — interrogou um dos presentes.

— É o protótipo da ingratidão para com Deus — respondeu o venerável instrutor —, o diabo é do Eterno o filho que menosprezou a celeste herança. Recebe os tesouros divinos e converte-os em misérias letais. Das bênçãos que lhe felicitam o caminho, faz maldições que estende aos semelhantes. Cego às belezas universais que o cercam, vive afirmando sua permanência no inferno, criação dele mesmo, em seu plano interior. É alma repleta de atributos sublimes, que permanece, entretanto, na Obra do Pai, como gênio destruidor. É sábio de raciocínio, mas pérfido de sentimento. Seu cérebro elabora rapidamente as mais complicadas operações para a ofensiva do mal, todavia, seu coração é paralítico para o bem. Sua cabeça é de fogo para a mentira, contudo, o seu peito é de gelo para a verdade. Escarra nas mãos que o acariciam, está sempre disposto a condenar, perverter e confundir os demais filhos de Deus, lançando a perturbação geral, para que seus interesses isolados prevaleçam. Pela ciência e perversidade de que oferece testemunho, é um misto de anjo e monstro, no qual se confundem a santidade e a bestialidade, a luz e a treva, o céu e o abismo. Criatura desventurada pelo desvio a que se entregou voluntariamente, é, de fato, mais infeliz que infame, merecendo, antes de qualquer consideração, nosso entendimento e piedade.

Nesse instante, em face da pausa do orientador, exclamou uma jovem do círculo, satisfeita pela possibilidade de cooperar no esclarecimento da tese em estudo:

— Conheço-o! Eu conheço o diabo!

— Você? — pergunta o instrutor, admirado. — Será possível?

E ela, radiante, respondeu:

— Sim, já estive na Terra: chama-se Homem!

11
Grande Além

Nos mais estranhos lugares do mundo, todas as pessoas trazem o passaporte invisível para o Grande Além. O esquimó e o europeu, o hotentote e o americano encaminham-se, diariamente, para o mesmo fim.

Em algumas antigas regiões asiáticas, a roupa velha dos viajantes, que atravessam as fronteiras da morte, é confiada aos abutres famintos, e, nas cidades supercivilizadas dos tempos modernos, as vestes rotas dos que demandam o invisível são consumidas no forno crematório ou abandonadas à cinza do sepulcro.

Todos seguirão.

Testas coroadas deixam o trono e o cetro aos aventureiros; filósofos e sábios costumam legar tesouros aos estúpidos; legisladores e estadistas entregam suas obras aos caprichos populares; os amantes afastam-se do objeto de sua adoração, atirando-se à grande experiência. Não valem as lágrimas da dor, nem os argumentos da Ciência. Não prevalecem as invocações do sangue ou da condição. Partem os algozes e as vítimas, os bons e os maus. Sócrates, condenado à cicuta, apenas antecede os seus juízes. Dario e Alexandre, fulgurantes de armaduras, põem-se a caminho, seguidos de todos os vassalos. Nero determina o flagelo dos circos, aciona a maquinaria do martírio e da destruição, fazendo igualmente a grande viagem, através de terríveis circunstâncias.

Quem escapará?

Magos de todas as épocas intentam descobrir o vinho miraculoso da eterna mocidade do corpo físico. Desejando fugir aos imperativos da consciência, tenta o homem esquecer os seus títulos de imortalidade espiritual, com que receberá sempre de acordo com as suas obras, procurando perpetuar o baile de máscaras, onde estima a opressão e disfarça o vício. Entretanto, por mais que sonde os segredos da Mãe Natura, descobrindo rotas aéreas e caminhos subterrâneos, não conseguirá improvisar a invulnerabilidade dos ossos com que se materializa, por tempo determinado, na Terra, atendendo a místicos desígnios da esfera superior. A enfermidade segui-lo-á, de perto; se persevera no desequilíbrio, a luta vergastá-lo-á, todos os dias; a morte espera-o, em cada esquina da precipitação ou da imprudência. As vacilações alegres da infância exigir-lhe-ão os graciosos ridículos do princípio, e as dolorosas hesitações da velhice reclamarão dele os detestáveis ridículos do fim.

Há sempre, em cada existência, o período de aproveitamento, onde a criatura pode revelar-se. Alguns homens, raros embora, valem-se da ocasião para o esforço supremo da tarefa a que foram chamados a cumprir. A maioria, como deuses caídos, entrega-se às dissipações da prodigalidade, aproveitando o tempo de serviço em banquetes de criminosos prazeres.

Do nascente orvalhado ao poente sombrio, o Sol brilha apenas algumas horas, em cada dia do ano. Do berço risonho à sepultura tenebrosa, a vida de um homem fulgura apenas por limitado tempo, no curso da existência que é um dia da eternidade. Vieira faz alguns sermões e desaparece do cenário. Pasteur sofre pela Ciência e termina a missão que o trouxe.

Todos conhecem a verdade da morte. O índio sabe que abandonará sua tribo, como o cientista reconhece que não escapará do último dia do corpo. Todos demandarão a pátria comum, onde o criminoso encontrará o seu inferno e o santo identificará o céu que construiu com o sacrifício e a esperança. Nesse infinito país, existem vales escuros de condenados e montanhas gloriosas onde respiram os justos. Há liberdade e asfixia, luz e treva, alegria e dor, reencontro e separação, recompensa e castigo, júbilo e tormento, novas esperanças e novas desilusões. Ninguém ignora que haverá continuidade de lutas, modificação de aspectos, extinção da oportunidade; no entanto, em toda parte, pulsam rígidos corações de pedra, que reclamam irresponsabilidade e indiferença. Querem a morfina dos prazeres fáceis, com que abreviam a morte.

De quando em quando, rajadas de extermínio cruzam a atmosfera planetária, multiplicando gemidos de angústia e tentando acordar as almas adormecidas na carne. Bocas de fogo precedem o bico de corvos famulentos. Jardins transformam-se em ossuários. A realidade terrível do ódio faz cair as máscaras diplomáticas, a fim de que os agrupamentos humanos se mostrem tais quais são. Milhares de criaturas acorrem ao Grande Além, reconhecendo, mais uma vez, que o sílex e a baioneta, a catapulta e a granada são filhos da mesma ignorância primitivista, em que se mergulham voluntariamente as criaturas da Terra, há milênios numerosos.

Continuará o seio da vida alimentando a Humanidade sobre milhões de túmulos, e escancarada permanecerá a porta da morte, esperando todos os seres.

Ninguém fugirá.

Mães e filhos, jovens e velhos, ricos e pobres estarão de partida, a qualquer momento. Todos guardam o passaporte final, com que regressam ao país de que procedem. Hóspedes temporários da carne, voltam ao lar comum, onde colherão de acordo com a semeadura. No pórtico, entre os dois planos, movimenta-se a alfândega da Justiça, que confere asas divinas à consciência reta para os vôos do cimo resplandecente e verifica as algemas pesadas escolhidas pelos criminosos para o mergulho no precipício das sombras.

Grande Além!... Grande Além!... Onde estão na Terra os homens que te recordam? Entretanto, na fronte de todos eles permanece o sinal de teu invisível poder!

12

Mãe

Quando Jesus ressurgiu do túmulo, a negação e a dúvida imperavam no círculo dos companheiros.

Voltaria Ele?, perguntavam perplexos. Quase impossível. Seria Senhor da Vida Eterna quem se entregara na cruz, expirando entre malfeitores?

Maria Madalena, porém, a renovada, vai ao sepulcro de manhãzinha. E, maravilhosamente surpreendida, vê o Mestre, ajoelhando-se-lhe aos pés. Ouve-lhe a voz repassada de ternura, fixa-lhe o olhar sereno e magnânimo. Entretanto, para que a visão se lhe fizesse mais nítida, foi necessário organizar o quadro exterior. O jardim recendia perfumes para a sua sensibilidade feminina, a sepultura estava aberta, compelindo-a a raciocinar. Para que a gravação das imagens se tornasse bem clara, lavando-lhe todas as dúvidas da imaginação, Maria julgou a princípio que via o jardineiro. Antes da certeza, a perquirição da mente precedendo a consolidação da fé. Embriagada de júbilo, a convertida de Magdala transmite a boa-nova aos discípulos confundidos. Os olhos sombrios de quase todos se enchem de novo brilho.

Outras mulheres, como Joana de Khouza e Maria, mãe de Tiago, dirigem-se, ansiosas, para o mesmo local, conduzindo perfumes e preces gratulatórias. Não enxergam o Messias, mas entidades resplandecentes lhes falam do Mestre que partiu.

Pedro e João acorrem, pressurosos, e ainda vêem a pedra removida, o sepulcro vazio e apalpam os lençóis abandonados.

No colégio dos seguidores, travam-se polêmicas discretas.

Seria? Não seria?

Contudo, Jesus, o amigo fiel, mostra-se aos aprendizes no caminho de Emaús, que lhe reconhecem a presença ao partir do pão e, depois, aparece aos onze cooperadores, num salão de Jerusalém. As portas permanecem fechadas e, no entanto, o Senhor demora-se, junto deles, plenamente materializado. Os discípulos estão deslumbrados, mas o olhar do Messias é melancólico. Diz-nos João Marcos que o Mestre lançou-lhes em rosto a incredulidade e a dureza de coração. Exorta-os a que o vejam, que o apalpem. Tomé chega a consultar-lhe as chagas para adquirir a certeza do que observa. O Celeste Mensageiro faz-se ouvir para todos. E, mais tarde, para que se convençam os companheiros de sua presença e da continuidade de seu amor, segue-os, em espírito, no labor da pesca. Simão Pedro registra-lhe carinhosas recomendações, ao lançar as redes, e encontra-o nas preces solitárias da noite.

Em seguida, para que os velhos amigos se certifiquem da ressurreição, materializa-se num monte, aparecendo a quinhentas pessoas da Galiléia.

No Pentecostes, a fim de que os homens lhe recebam o Evangelho do Reino, organiza fenômenos luminosos e lingüísticos, valendo-se da colaboração dos companheiros, ante judeus e romanos, partos e medas, gregos e elamitas, cretenses e árabes. Maravilha-se o povo. Habitantes da Panfília e da Líbia, do Egito e da Capadócia ouvem a Boa Nova no idioma que lhes é familiar.

Decorrido algum tempo, Jesus resolve modificar o ambiente farisaico e busca Saulo de Tarso para o seu ministério; entretanto, para isso, é compelido a materializar-se no caminho de Damasco, à plena luz do dia. O perseguidor implacável, para convencer-se, precisa experimentar a cegueira temporária, após a claridade sublime; e para que Ananias, o servo leal, dissipe o temor e vá socorrer o ex-verdugo, é imprescindível que Jesus o visite, em pessoa, lembrando-lhe o obséquio fraternal.

Todos os companheiros, aprendizes, seguidores e beneficiários solicitaram a cooperação dos sentidos físicos para sentir a presença do Divino Ressuscitado. Utilizaram-se dos olhos mortais, manejaram o tato, aguçaram os ouvidos...

Houve, contudo, alguém que dispensou todos os toques e associações mentais, vozes e visões. Foi Maria, sua Divina Mãe. O Filho Bem-Amado vivia eternamente, no infinito mundo de seu coração. Seu olhar contemplava-o, através de todas as estrelas do Céu, e encontrava-lhe o hálito perfumado em todas as flores da Terra. A voz dele vibrava em sua alma e para compreender-lhe a sobrevivência bastava penetrar o iluminado santuário de si mesma. Seu Filho — seu amor e sua vida — poderia, acaso, morrer? E embora a saudade angustiosa, consagrou-se à fé no reencontro espiritual, no plano divino, sem lágrimas, sem sombras e sem morte!...

....

Homens e mulheres do mundo, que haveis de afrontar, um dia, a esfinge do sepulcro, é possível que estejais esquecidos plenamente, no dia imediato ao de vossa partida, a caminho do Mais Além. Familiares e amigos, chamados ao imediatismo da luta humana, passarão a desconhecer-vos, talvez, por completo. Mas, se tiverdes um coração de mãe pulsando na Terra, regozijar-vos-eis, além da escura fronteira de cinzas, porque aí vivereis amados e felizes para sempre!

13

Rogativa e ação

Nas asas veludosas do sono, chegou o aprendiz ao Palácio Resplandecente da Grande Esfera. Diante da luz que o circundava, suas vestes pareciam constituir pesada túnica de lodo negro. Ofegante de júbilo, encontrou um mensageiro que o aguardava, atencioso, no pórtico. Deslumbrado, ajoelhou-se e exclamou em lágrimas:

— Emissário dos Céus, meu espírito enlameado na carne vive prisioneiro da angústia sem esperança. Em vão procuro a felicidade — mito dos mortais que vagueiam na Terra! Sonho com a paz, desde os albores da existência, entretanto, vivo na luta incessante do mal. Em derredor de mim estende-se a treva impenetrável do sofrimento!... Detesto a dor, mas embalde lhe fujo aos grilhões! Atormento-me por atender às obrigações espirituais que a fé me conferiu nos caminhos do mundo, todavia, afronta-me a adversidade em toda parte. Os homens não me compreendem, as circunstâncias repelem-me e, em todas as situações, sinto o gume afiado da zombaria alheia. Ridicularizam-me os maus, enquanto os bons se desinteressam de minha sorte! Os ignorantes, preguiçosos, em demasia, menosprezam-me o concurso, e os sábios, excessivamente ocupados, não me dispensam consideração. Perseguido por dificuldades sem conta, sinto-me encarcerado em pesadas correntes de desespero. Ouço o sublime convite do Evangelho da Luz, mas permaneço sitiado nas sombras pelos obstáculos e tropeços de toda sorte. Se, num esforço supremo, tento abraçar a verdade, encontro multidões de exploradores cínicos e de mentirosos sem consciência!... No círculo de meus familiares, o infortúnio e a aflição constituem a recompensa aos meus serviços. Sou, talvez, uma peça útil na maquinaria doméstica pela expressão econômica de minha presença, contudo, sinto frio e sede porque ninguém se recorda de minha necessidade de conforto!...

Nesse instante, soluços angustiosos escaparam-lhe do peito opresso. E porque o mentor amigo continuasse em silêncio, embora a compaixão que lhe transparecia do olhar, o peregrino continuou em pranto:

— Viverei assim todo o tempo de minha permanência na carne? Não terei direito à paz, à misericórdia? Caminharei como condenado a tormento infernal, quando há tantas mãos que abençoam e bocas que sorriem nas estradas humanas? Que fazer para remediar a situação dolorosa e terrível?

O emissário fixou nele os olhos muito lúcidos e respondeu com serenidade:

— Não chores por dificuldades imaginárias nem te refiras a ingratidões inexistentes. Chora por ti mesmo, pela tua escolha individual no campo da luta! Cercou-te o Senhor de dádivas sublimes. Deu-te o dia radiante de sol e a noite iluminada de estrelas, para que busques a libertação, mas preferes o encarceramento no escuro abismo da primitiva animalidade. Foste à carne viver em nome dele, Divino Doador das Bênçãos, contudo, teimas em viver exclusivamente em nome do teu velho egoísmo. Queres efetivamente a felicidade? Faze a felicidade dos outros. Procuras a paz? Começa por apaziguar os próprios desejos e extinguir as paixões inferiores que te vibram no ser. Falta-te a colaboração alheia? É que ainda não cooperaste realmente para o bem. Pretendes que os demais se afeiçoem aos teus propósitos, despreocupando-te das necessidades alheias.

A essa altura, o mendigo terrestre enxugava os olhos, embora continuasse genuflexo. Parecia surpreendido, porquanto em vez de consolação recebia esclarecimento.

— A imponderação — continuou o mensageiro —, como acontece a muita gente, viciou-te o dom da palavra. Grande é a tua eloqüência para exprimir a queixa e profunda a sutileza com que disfarças a realidade de teu mundo íntimo. Ainda não ajudaste os ignorantes, nem respeitaste os sábios. Ao contato com os primeiros, é preciso exercer a bondade e a paciência, o entendimento e o perdão, e, no convívio dos segundos, é necessário não esquecer a humildade e o aproveitamento, a aplicação e o serviço. E, se choras no círculo da família, muitas vezes bebes o fel do desespero, porque te negando à compreensão e ao carinho fraternal, ofereces recursos materiais aos companheiros no sangue.

Talvez porque o interpelado revelasse extrema perturbação no rosto, o emissário ofereceu-lhe o braço amigo e terminou:

— Volta ao serviço terreno, meu irmão, em nome de nosso Divino Senhor! Perdoa e auxilia, trabalha e espera, praticando o bem e esquecendo o mal.

O peregrino da Terra estava confundido e humilhado, mas o mensageiro amparou-o, seguindo-lhe os passos, no retorno ao corpo físico.

Convidado, acompanhei-os, com emoção.

A manhã ensolarada enchia-se de cânticos festivos.

O nosso amigo acordou, vestiu-se e, ao café, uma senhora simpática indagou, humilde:

— Meu filho, que direi aos companheiros que te pedem concurso para os tuberculosos desamparados?

— Nada! — resmungou ele. — Estou farto de gente má.

A respeitável matrona voltou a perguntar:

— E aos amigos de nossas atividades espiritualistas?

— Diga-lhes que não! Não estou disposto a suportar imbecilidades.

— Meu filho! Meu filho!... — exclamou a senhora, com inesquecível inflexão de voz.

— Estou entediado, minha mãe! Não me dê conselhos! — replicou ele agressivamente.

O generoso orientador dispôs-se ao regresso e disse-me sem mágoa:

— Viu? Inúmeros amigos encarnados rogam, com enternecimento, a proteção divina, mas fogem a ela com indiferença e brutalidade.

E num sorriso sereno:

— Deixemo-los! Tentamos ajudá-los com a luz da verdade e do amor, mas preferem esperar pelas trevas da dor e da morte.

14

Assim passa...

À beira do Eurotas, a república de Esparta sentia a extensão de sua grandeza. Licurgo, o legislador, visitara as organizações do Egito e da Índia e assenhoreara-se-lhes dos gloriosos conhecimentos. Subtraindo, porém, a cultura alheia, não se detivera no campo da sabedoria. Patriota orgulhoso, transformou-a na base do seu castelo de tirania.

Em breve, recebiam os espartanos determinações de vaidoso isolacionismo, com a máscara da legalidade. Instalara-se o socialismo nacional, com o menosprezo de todos os valores humanos. O país foi dividido em lotes de terra, iguais entre si, criou-se um senado que endossasse o absolutismo do poder, instituiu-se rigorosa disciplina civil e militar, obrigou-se o povo às refeições comuns e estabeleceu-se a compulsória dos costumes.

A política da república fundou a religião da raça e da força. Os recém-natos, portadores de qualquer imperfeição física, eram sumariamente eliminados. Não se interessava Esparta por questões de dignidade humana. Não lhe importava a fonte do amor, nem o tesouro da Ciência. Relegava-se a cultura do espírito a plano secundário. Exigia guerreiros que dobrassem o mundo aos seus pés. Estenderia sua constituição aristocrática a outros povos, aniquilaria os filósofos e os artistas. Era proibido pensar para obedecer.

E em breve, de armaduras vitoriosas e cintilantes, os espartanos venciam os messênios, em duas guerras longas e dolorosas.

Nobres cavaleiros e sábios patriarcas foram reduzidos a hilotas, em miserável e angustioso cativeiro. Homens honestos e cultos foram submetidos sem comiseração.

Os amigos da Humanidade eram atirados ao desprezo e à morte.

Os descendentes dos dórios, centralizando consideráveis possibilidades pela sua política de supremacia e dominação, rasgaram estradas suntuosas e construíram palácios soberbos.

Ante a impulsividade dos seus exércitos, todo o Peloponeso caía-lhes sob a poderosa influência. Atenas, que amava a Ciência e a Cultura, as Artes e o trabalho pacífico, foi compelida à submissão, passando a obedecer ao ignóbil conselho dos Trinta Tiranos, que a vitória de Lisandro lhe impusera.

Aparentemente, a força espartana derrotara o direito ateniense. O punho bélico esmagava a razão. Categorizados como mendigos, os velhos mestres da inteligência viam as paradas militares brilhando ao Sol e ouviam tropas guerreiras concitando ao domínio de sua terra. Lares impolutos suportavam o nojento assédio de conquistadores sem escrúpulo e, de quando em quando, no intervalo mais longo das batalhas, pugilos de bravos morriam pela liberdade, por prestar-lhe culto fiel até ao sangue.

Toda a Hélade tremia sob as patas de cavalos, e, no admirável santuário dos deuses, arrastava-se o fantasma da perseguição e da morte.

Esparta realizara o seu ideal de brutalidade e racismo, mas, contra a sua orientação despótica, reúnem-se as energias construtivas. E como a defensiva sabe fundir a espada na forja do direito, surge a resistência organizada em toda parte. A prepotência espartana semeara ódio e rivalidade, ruína e vingança, e não só os atenienses desfazem o jugo indébito: outras cidades disputam-lhe a hegemonia. Tebas arrebata-lhe o cetro do poder. Em vão o povo ambicioso e autocrata de Licurgo tenta arregimentar as forças que lhe restam. A paixão militarista convertera a cidade em ninho belicoso de águias homicidas. Escasseavam os lares e sobravam quartéis. Constituíam-se as leis de sentenças absolutas. Rareavam cidadãos, porque Esparta queria soldados para as conquistas sem-fim.

Depois da dominação, as ruínas do cativeiro. Seus generais haviam erguido montanhas admiráveis da força, erigindo colossos de pedra e fazendo milagres de disciplina. Entretanto, a grandeza que parecia invulnerável passou como um sonho. Vencidos por Epaminondas, os espartanos observaram a reconstituição de Messênia, Mantinéia e Megalópolis, que lhes haviam assistido ao ruidoso triunfo. E, no curso do tempo, não restavam de seu império magnificente senão detestáveis recordações nas ruínas da Acaia. Entre as colunas quebradas e capitéis ao abandono, as serpentes fizeram seu ninho e vieram aves agoureiras piar a desolação da ventania e da noite.

Observando as imponentes ruínas das grandes cidades européias, que os fazedores de guerra lançaram à destruição, treme nossa alma, recordando que o exemplo de Esparta antecedeu a Jesus Cristo.

Os novos Licurgos idealizaram os Estados Molochs, devoradores dos direitos humanos e dos princípios mais belos da vida e ergueram novas Babilônias, absorventes e tirânicas, onde a alma é sempre um zero à esquerda do despotismo do poder; mas, como acontece há muitos séculos, a morte espreita os castelos da ambição e da vaidade, erguidos com sangue e sarcasmo e, quando suas torres desafiam o céu, ela convoca as energias da razão e converte a soberbia em miséria e a suntuosidade em destroços.

Assim passa a efêmera glória da opressão e da tirania!

Depois da carnificina das águias criminosas, restam no campo apenas detritos e despojos que a piedade vem remover, a fim de que o homem siga o seu caminho na construção do mundo melhor.

15

Resposta do Além

Minha irmã: Valho-me do "correio do outro mundo" para responder à sua carta, cheia da sensibilidade do seu coração de mulher.

Pede-me a senhora o concurso de espírito desencarnado para a solução de problemas domésticos no setor de educação aos filhinhos que Deus lhe confiou. Conforta-me, sobremaneira, a sua generosidade; entretanto, minha amiga, a opinião dos mortos, esclarecidos na realidade que lhes constitui o novo ambiente, será sempre muito diversa do conceito geral.

A verdade que o túmulo nos fornece renova quase todos os preceitos que nos pautavam as atitudes.

Aí no mundo, entrajados no velho manto das fantasias, raros pais conseguem fugir à cegueira do sangue.

De orientadores positivos, que deveríamos ser, passamos à condição de servidores menos dignos dos filhos que a Providência nos entrega, por algum tempo, ao carinho e ao cuidado.

Na Europa, trabalhada pelo sofrimento, existem coletividades que já se acautelam contra os perigos da inconsciência na educação infantil entre mimos e caprichos satisfeitos. Conhecemos, por exemplo, um rifão inglês que recomenda: "poupa a vara e estraga a criança". Mas, na América, geralmente, poupamos os defeitos da criança, para que o jovem nos deite a vara logo que possa vestir-se sem nós. Naturalmente que os britânicos não são pais desnaturados, nem monstros que atormentem os meninos na calada da noite, mas compreenderam, antes de nós, que o amor, para educar, não prescinde da energia, e que a ternura, por mais valiosa, não pode dispensar o esclarecimento.

Dentro do Novo Mundo, e principalmente em nosso país, as crianças são pequeninos e detestáveis senhores do lar que, aos poucos, se transformam em perigosos verdugos. Enchemo-las de brinquedos inúteis e de carinhos prejudiciais, sem a vigilância necessária, diante do futuro incerto. Lembro-me, admirado, do tempo em que se considerava herói o genitor que roubasse um guizo para satisfazer a impertinência de algum pequerrucho traquinas e, muitas vezes, recordo, envergonhado, a veneração sincera com que via certas mães insensatas a se debulharem em pranto pela impossibilidade de adquirir uma grande boneca para a filhinha exigente. A morte, todavia, ensinou-me que tudo isso não passa de loucura do coração.

É necessário despertar a alegria e acender a luz da felicidade em torno das almas que recomeçam a luta humana, em corpos tenros e, muita vez, enfermiços. Fora tirania doméstica subtraí-las ao sol, ao jardim, à Natureza. Seria crime cerrar-lhes o sorriso gracioso, com os ralhos inoportunos, quando os seus olhos ingênuos e confiantes nos pedem compreensão. Entretanto, minha amiga, não cogitamos de proporcionar-lhes a alegria construtiva, nem nos preocupamos com a sua felicidade real. Viciamo-las simplesmente.

Começamos a tarefa ingrata, habituando-lhes a boca às piores palavras da gíria e incentivando-lhes as mãos pequenas à agressividade risonha. Horrorizamo-nos quando alguém nos fala em corrigenda e trabalho. A palmatória e a oficina destinam-se aos filhos alheios. Convertemos o lar, santuário edificante que a Majestade divina nos confia na Terra, em fortaleza odiosa, dentro da qual ensinamos o menosprezo aos vizinhos e a guerra sistemática aos semelhantes. Satisfazendo-lhes os caprichos, dispomo-nos a esmagar afeições sublimes, ferindo nossos melhores amigos e descendo aos fundos abismos do ridículo e da estupidez. Fiéis às suas descabidas exigências, falhamos em setenta por cento de nossas oportunidades de realização espiritual na existência terrestre. Envelhecemo-nos prematuramente, contraímos dolorosas enfermidades da alma e, quase sempre, só reconhecem alguma coisa de nossa renúncia vazia quando o matrimônio e a família direta os defrontam, no extenso caminho da vida, dilatando-lhes obrigações e trabalhos. Ainda aí, se a piedade não comparece no quadro de suas concepções renovadas, convertem-nos em avós escravos e submissos.

A morte, porém, colhe nossa alma em sua rede infalível para que nos aconselhemos, de novo, com a verdade. Cai-nos a venda dos olhos e observamos que os nossos supostos sacrifícios não representavam senão amargoso engano da personalidade egoística. Nossas longas vigílias e atritos angustiosos eram, apenas, a defesa improfícua de mentiroso sistema de proteção familiar. E humilhados, vencidos, tentamos debalde o exercício tardio da correção. Absolutamente desamparados de nossa lealdade e de nossa previdência, por se manterem viciados pela nossa indesejável ternura, os filhos de nosso amor rolam, vida afora, aprendendo na aspereza do caminho comum. É que, antes de serem os rebentos temporários de nosso sangue, eram companheiros espirituais no campo da vida infinita e, se voltaram ao internato da reencarnação, é que necessitavam atender ao resgate, junto de nós outros, adquirindo mais luz no entendimento. Não devíamos cercá-los de mimos inúteis, mas de lições proveitosas, preparando-os, em face das exigências da evolução e do aprimoramento, para a vida eterna.

Desse modo, minha amiga, use os seus recursos educativos compatíveis com o temperamento de cada bebê, encaminhando-lhes o passo, desde cedo, na estrada do trabalho e do bem, da verdade e da compreensão, porque as escolas públicas ou particulares instruem a inteligência, mas não se podem responsabilizar pela edificação do sentimento. Em cada cidade do mundo pode haver um Pestalozzi que coopere na formação do caráter infantil, mas ninguém pode substituir os pais na esfera educativa do coração.

Se a senhora, porém, não acreditar em minhas palavras, por serem filhas da realidade indisfarçável e dura, exercite exclusivamente o carinho e espere pela lição do futuro, sem incomodar-se com os meus conselhos, porque eu também, se ainda estivesse envolvido na carne terrestre e se um amigo do "outro mundo" me viesse trazer os avisos que lhe dou, provavelmente não os aceitaria.

16

O caso do rico

Conta-se que o Rico da Parábola, após desiludir-se quanto aos propósitos de voltar à Terra, a fim de anunciar a verdade aos parentes, atormentado de sede desceu às regiões mais baixas do purgatório, forradas de fogo devorador.

De algum modo, resignara-se com os tormentos que lhe assediavam o coração, porque fizera por merecê-los, bem o reconhecia. Despojara viúvas paupérrimas, perseguira órfãos desprotegidos e provocara a falência de homens honestos; faltara a princípios comezinhos de caridade, praticara a usura e subornara consciências frágeis. Sempre decidido a valer-se do fascínio do ouro, aproveitara muita gente invigilante e inclinada ao mal, a serviço da ambição que lhe era própria.

Receando o futuro, amealhara consideráveis haveres para os filhos; rodeara-os de vantagens e facilidades econômicas, à custa do angustiado suor dos humildes, por ele convertidos em escravos sofredores. Em suma, fora cruel e fazia jus à punição. Entretanto, não se conformava com a impossibilidade de avistar-se com a família. Por que não voltar à Terra para renovar a concepção da mulher e dos filhos? A companheira sempre fora fiel às suas recomendações. Se pudesse falar-lhe, corrigiria tudo a tempo. Todavia, pai Abraão não lhe proporcionara qualquer esperança.

Refletia, amargurado, consigo mesmo, quando surgiu alguém no seio das sombras. A princípio, não reconhecera o recém-chegado, mas, depois de um abraço, o visitante exclamou:

— Não se lembra?!

Retribuiu emocionadamente. Recordava-se, agora. Aquele era Benjamim, filho de Habacuque, que o precedera no túmulo. Espantava-o a surpresa do reencontro. Benjamim, tanto quanto ele próprio, fora usurário, de coração frio e duro. O manto roto denunciava-lhe a penosa situação, e a cinza que lhe cobria as mãos, o rosto e os cabelos dava a idéia de que o mísero emergia do bojo de uma cratera.

Terminadas as saudações da hora, o Rico humilhado expôs-lhe o caso pessoal. Conformava-se com o purgatório tenebroso, no reconhecimento de suas culpas, contudo desesperava-se pela impossibilidade de voltar a casa, para relacionar a verdade dos fatos.

O outro, porém, após ouvi-lo pacientemente, assegurou:

— Não vale a pena inquietar-se. Voltei e nada consegui.

— Voltou? — inquiriu o novo condenado, deixando transparecer, na voz, um raio de esperança.

— Sim.

— E chegou a visitar sua casa, sua mulher, seus filhos, seus servos, suas propriedades, suas terras, seus jumentos, seus camelos, seus bois?

— Sim.

— Visitou o templo?

— Visitei.

— Tornou a cruzar nossos campos?

— Tornei.

O Rico chegou a olvidar as aflições do momento e, contemplando o interlocutor, admirado, prosseguiu:

— E os familiares? Reconheceram-no?

O interpelado entrou em silêncio. Algumas lágrimas umedeceram-lhe os olhos sombrios. Instado pelo amigo, informou, com desapontamento:

— Visitei a família, detive-me nas propriedades que julguei me pertencessem, rendi homenagem aos tesouros de nossa raça, mas ninguém me reconheceu.

Decorridos alguns dias sobre a morte do meu corpo, desarmonizaram-se meus filhos por questões da herança que lhes deixei. Rúben amputou o braço de Eliazar numa cena de sangue, Esaú amaldiçoou os irmãos e entregou-se ao vinho pela ausência do trabalho, e Simeão enlouqueceu no vício. Minha esposa, não obstante a idade, apaixonou-se por um rico mercador de tapetes que se assenhoreou do nosso dinheiro e das preciosidades domésticas que me eram mais caras, conduzindo-a para Kades. Minhas terras de Gaza foram vendidas a qualquer preço a libertos romanos, meus camelos foram entregues, a troco de reduzidas moedas, a velhacos negociantes do deserto, meus bois foram mortos, meus jumentos dispersos. Alguns de meus servos fugiram espancados, enquanto outros foram vendidos para Chipre. Minhas propriedades rurais mergulharam no mato, caindo no abandono e entregues a criadores de cavalos e porcos.

Mostrou o Rico uma careta de angústia e perguntou:

— Mas a mulher e os filhos não o reconheceram?

— Visitei-os à noite, para conversarmos a sós, no entanto expulsaram-me em desespero, insistindo para que eu descesse para sempre aos infernos. Em vão procurei fazer insinuar-me entre eles. Não acreditaram na minha presença e fizeram-se surdos às minhas palavras.

Desencantado, o Rico perguntou:

— Não fez reclamações aqui? Não rogou o socorro de pai Abraão?

Voltou-se o companheiro, explicando gravemente:

— Pedi o amparo dos mensageiros de Jeová, entretanto, em nome dele, nosso Eterno Senhor, esclareceram-me que a obra era minha, que nunca fui verdadeiramente esposo de minha mulher e pai de meus filhos, nem amigo dos cooperadores e dos animais que me serviam diariamente. Jamais auxiliara os meus na aquisição dos valores positivos do espírito imortal e nem criara nas propriedades de que fui mordomo infiel o ambiente de amor e harmonia, calma e confiança que Jeová, em vão, esperou de mim. Apegara-me simplesmente à usura, ao egoísmo, à admiração e culto de mim mesmo, dilatando a vaidade de minha dominação indébita.

E concluiu, com tristeza:

— Por isso, mereci a ironia da sorte e a incompreensão dos meus.

O Rico ouviu, meditou, consultou as próprias reminiscências e, erguendo os braços para o alto, exclamou:

— Glória a pai Abraão que não permitiu meu regresso à Terra e me deu a sede angustiosa e o fogo consumidor para que sarem as feridas de minha alma!

E, resignado, deitou-se na cinza quente do purgatório, esperando o futuro.

17

Lição em Jerusalém

Muito significativa a entrada gloriosa de Jesus em Jerusalém, de que o texto evangélico nos fornece a informação. A cidade conhecia-o, desde a sua primeira visita ao Templo, e muita gente, quando de sua passagem por ali, acorria, pressurosa, a fim de lhe ouvir as pregações. O povo judeu suspirava por alguém, com bastante autoridade, que o libertasse dos opressores. Não seria tempo da redenção de Israel? A raça escolhida experimentava severas humilhações. O romano orgulhoso apertava a Palestina nos braços tirânicos. Por isso, Jesus simbolizava a renovação, a promessa. Quem operara prodígios iguais aos dele? Profeta algum atingira aquelas culminâncias. A ressurreição de Lázaro, enfaixado no túmulo, com sinais evidentes de decomposição cadavérica, espantava os mais ilustres descendentes de Abraão. Nem Moisés, o legislador inesquecível, conseguira realização daquela natureza. E o povo, naqueles dias de festa tradicional, se dispôs a homenageá-lo, em regra. Receberia o profeta com demonstrações diferentes. Mostraria aos prepostos de César que Jerusalém não renunciava aos propósitos de libertação, ciosa de sua autonomia, e, agora, mais que nunca, possuía um chefe político à altura dos acontecimentos. Jesus, certamente, não atenderia às imposições dos sacerdotes e nem se submeteria ao suborno, ante as promessas douradas dos áulicos imperiais.

Em vista disso, quando o Mestre saiu de Betânia, a caminho da cidade, alinharam-se fileiras de populares, saudando-o festivamente.

Anciães de barbas encanecidas acompanhavam o coro dos jovens: "Hosanas ao filho de Davi!". As mulheres gritavam, entusiasticamente, amparando criancinhas a sustentarem, com graça, verdes ramos de palmeira.

Os discípulos, ladeando o Mestre, sentiam o efêmero júbilo provocado pelo mentiroso incenso da multidão. Os fiéis galileus, guindados inesperadamente ao cume da popularidade, inclinavam-se com desvanecimento, embriagados pelo triunfo.

De espaço a espaço, esse ou aquele patriarca fazia sinais a Pedro, Filipe ou João, convidando-os a se pronunciarem discretamente:

— Quando se manifestará o Messias?

Os interpelados assumiam atitude de orgulhosa prudência e respondiam, quase sempre, a mesma coisa:

— Estamos certos de que a homenagem de hoje é decisiva e o Messias dar-nos-á a conhecer o plano das nossas reivindicações.

Jesus agradecia aos manifestantes de Jerusalém com o olhar, mostrando, porém, melancólicos sorrisos.

Demonstrando compreender a situação, logo após convocou os discípulos para uma reunião mais íntima, em que lhes diria algo de grave. Interpelados por alguns amigos, Tiago e João, filhos de Zebedeu, informaram quanto ao anúncio do Mestre. Discutiria as questões do presente e do futuro, e, possivelmente, seria mais claro nas definições políticas da ação renovadora.

Por esse motivo, enquanto o Cristo e os companheiros tomavam a refeição frugal do cenáculo, verdadeira multidão apinhava-se, discreta, nas adjacências. O povo aguardava informações do colégio apostólico, entre a ansiedade e a esperança.

Finda a reunião, e enquanto Jesus e Simão Pedro se demoravam em confidências, seis discípulos vieram, cautelosos, à via pública. A fisionomia deles denunciava preocupações e desencanto.

Começaram os comentários, entre os intelectualistas de Jerusalém e os pescadores da Galiléia.

— Que disse o profeta? — perguntou o patriarca, chefe daquele movimento de curiosidade. — Explicou-se, afinal?

— Sim — esclareceu Filipe com benevolência.

— E a base do programa de nossa restauração política e social?

— Recomendou o Senhor para que o maior seja servo do menor, que todos deveremos amar-nos uns aos outros.

— O sinal do movimento? — indagou o ancião de olhos lúcidos.

— Estará justamente no amor e no sacrifício de cada um de nós — replicou o Apóstolo, humilde.

— Dirigir-se-á imediatamente a César, fundamentando o necessário protesto?

— Disse-nos para confiarmos no Pai e crermos também nele, nosso Mestre e Senhor.

— Não se fará, então, exigência alguma? — perguntou o patriarca, irritado.

— Aconselhou-nos a pedir ao Céu o que for necessário e afirmou que seremos atendidos em seu nome — explicou Filipe, sem se perturbar.

Entreolharam-se, admirados, os circunstantes.

— E a nossa posição? — resmungou o velho. — Não somos o povo escolhido da Terra?

Muito calmo, o Apóstolo esclareceu:

— Disse o Mestre que não somos do mundo e por isso o mundo nos aborrecerá, até que o seu Reino seja estabelecido.

Espocaram as primeiras gargalhadas.

— Mas o profeta — continuou o israelita exigente — não assinou algum documento, nem se referiu a qualquer compromisso com as autoridades?

— Não — respondeu Filipe, sincero e ingênuo —, apenas lavou os pés dos companheiros.

Oh! para os filhos vaidosos de Jerusalém era demais. Surgiram risos e protestos.

— Não te disse, Jafet? — falou um antigo fariseu ao patriarca. — Tudo isso é uma farsa.

Um moço pedante afiançou, depois de detestável risada:

— Muito boa esta aventura dos pescadores!

Dentro de alguns minutos, via-se a rua deserta.

Desde essa hora, compreendendo que Jesus cumpria, acima de tudo, a vontade de Deus, longe de qualquer disputa com os homens, a multidão abandonou-o. Os discípulos, reconhecendo também que ele desprezava todos os cálculos de probabilidade do triunfo político, retraíram-se, desapontados. E, desde esse instante, a perseguição do Sinédrio tomou vulto e o Messias, sozinho com a sua dor e com a sua lealdade, experimentou a prisão, o abandono, a injustiça, o açoite, a ironia e a crucificação.

Essa foi uma das últimas lições dele, entre as criaturas, dando-nos a conhecer que é muito fácil cantar hosanas a Deus, mas muito difícil cumprir-lhe a Divina Vontade, com o sacrifício de nós mesmos.

18

Espírito farisaico

No tempo do Cristo, já era antiga a hipocrisia farisaica.

À força de se declararem homens de fé e ambicionando a hegemonia nos círculos religiosos e sociais, os fariseus exibiam insuportável orgulho e repugnante vaidade.

Sentiam-se únicos, diante da Divindade.

Pervertidos pelo intelectualismo de superfície, colocavam acima de tudo o rigorismo aparente. Eram os inspiradores de todas as medidas da convenção política em Jerusalém. Sabiam manejar, com maestria, a arma de dois gumes, mostrando a lâmina da calúnia, no trato com os adversários do mesmo sangue, e a da bajulação, diante do romano dominador. Imiscuíam-se nos negócios públicos e impunham movimentos de opinião. Elevavam seus ídolos ao trono da autoridade e do poder, incensando-os com o elogio fácil do desvario verbalístico e precipitavam, astuciosos, no abismo da antipatia pública, todos aqueles que não soletrassem a sua cartilha de fingimento. Exigiam os primeiros lugares nas sinagogas e reclamavam destaque nas assembléias mais simples. Seus mantos luxuosos requisitavam a reverência do povo e, quando penetravam o Templo, o fausto de sua presença eclipsava o próprio santuário. Dirigiam-se a Jeová, o Altíssimo, com palavras desrespeitosas e ingratas. Como se os ouvidos do próximo fossem incapazes de registrar-lhes toda a loquacidade sonora e vazia, pronunciavam longas e fastidiosas orações, ante o altar da fé, relacionando as supostas virtudes de que se julgavam portadores; faziam o inventário verbal de suas boas ações presumíveis e, longe de pedirem o favor da Divina Misericórdia, exigiam-lhe as bênçãos que lhes eram devidas, segundo o palavrório de seus lábios incansáveis. Ostentando atributos mentirosos, estavam sempre dispostos às polêmicas mordazes, perante as quais a caridade e o esclarecimento passavam de longe, repelindo aquelas bocas de falsos advogados da fé. Ninguém devia tomar-lhes a dianteira nos mais humildes assuntos. Ante a aproximação dos adventícios, erguiam-se irritados, espalhando protestos e irradiando cóleras sagradas. Inculcavam-se supremas autoridades intelectuais do mundo religioso, e administradores e juízes eram obrigados, antes de agir em qualquer setor, à audiência prévia dos supostos mandatários da inspiração divina.

O tempo golpeou-lhes as tradições. O alvião do progresso modificou a paisagem e as transformações políticas constantes renovaram a vida intelectual do povo escolhido.

Tempestades de dor e morte desabaram sobre Jerusalém, convertendo-a num campo de destroços. Depois de Jesus, vieram as hordas de Tito, trazendo ruína e destruição. Lutas internas minaram-lhe os institutos religiosos. Em 637 foi ocupada pelos árabes e retomada pelos cruzados em 1099, sentindo os efeitos terríveis das invasões. O Templo, edificado na época de Salomão, por artistas fenícios, com admirável suntuosidade arquitetônica, cheio de ouro e marfim, relíquias e madeiras preciosas, foi destruído por conquistadores fanáticos, sedentos de guerra e dominação.

Despojada de suas riquezas, Jerusalém passou a lamentar-se nos muros de sua desolação, clamando a saudade dos seus filhos, dispersos no Oriente e no Ocidente, como peregrinos sem pátria, destinados a chorar sempre a distância do berço natal, mas o espírito farisaico fixou-se no mundo inteiro. Persistindo na antiga dominação intelectual, disputa prioridade em todos os serviços de orientação religiosa, veste os trajes de todas as regiões e apresenta passaportes de todos os países.

Inda agora, que o Espiritismo cristão espalha as bênçãos do Consolador Prometido, restaurando a fé nos corações atormentados e sofredores, os novos fariseus congregam-se em arrojados tribunais da Religião e da Ciência, emitindo sentenças condenatórias. Estão completamente redivivos, noutra roupagem carnal e envergando outros títulos exteriores para confundir e perturbar.

A revelação é exclusividade deles. Não admitem a intromissão em seus trabalhos teológicos, inacessíveis. São prediletos da Divindade, senhores absolutos da crença, ministros únicos da graça celeste. E contra a onda renovadora da vida humana, que procede do Alto, através daqueles que regressam do túmulo, comentando as realidades eternas até então obscuras, vociferam maldições, lançam insultos, espalham dúvidas brilhantes e escuros sarcasmos.

Todavia, os servidores sinceros da Nova Revelação conhecem-nos, de longo tempo. E, por isso, caminham, valorosos e desassombrados, indiferentes aos calhaus da incompreensão deliberada e surdos ao velho realejo da ironia. Eles sabem que os avoengos de seus perseguidores de agora, cercaram o Cristo, pedindo-lhe benefícios e sinais que lhes dessem ensejo a calúnias cruéis, e que, não contentes na posição de detratores sistemáticos, se constituíram em autores do processo injusto contra o Mensageiro divino. E sabem tudo isso, porque o mundo está informado, há mais de dezenove séculos, de que foi o espírito farisaico, vaidoso e polifronte, quem conduziu o Sublime Benfeitor ao madeiro infamante e que, não lhe respeitando nem mesmo a hora angustiada e terrível da morte, cuspiu-lhe no rosto sangrento, acrescentando: "Se tu és o Rei dos Judeus, salva-te a ti mesmo e desce da cruz".

19
Caridade

Em todos os tempos, há exércitos de criaturas que ensinam a caridade; todavia, poucas pessoas praticam-na verdadeiramente.

Torquemada, organizando os serviços da Inquisição, dizia-se portador da divina virtude. A caminho de terríveis suplícios, os condenados eram compelidos a agradecer aos verdugos. Muitos deles, em plena fogueira ou atados ao martírio da roda, acicatados pela flagelação da carne, eram obrigados a louvar, de mãos postas, a bondade dos inquisidores que os ordenava morrer. Essa caridade religiosa era irmã da caridade filosófica da Revolução Francesa. A guilhotina funcionou em Paris, muito tempo, cortando cabeças de homens e mulheres em nome da renovação espiritual da política administrativa.

Engrandeciam-se verbalmente os ideais da Liberdade, Igualdade e Fraternidade, compunham-se hinos de glorificação do Grande Ser e erguiam-se altares à deusa razão e, para que se fizesse o reajustamento dos princípios humanitários do mundo, a navalha decepava a cabeça do próximo. Os líderes revolucionários, belos idealistas talvez, pugnavam também pela evolução da arte de matar, em França. A forca e o machado eram excessivamente antigos. Convinha um processo mais rápido, mais eficiente. E, em nome da caridade renovadora, procurou-se a colaboração de um professor de Anatomia da Faculdade de Medicina de Paris, o médico Joseph Ignace Guillotin, que lembrou aos políticos a adoção da navalha de decapitar, já conhecida, aliás, dos italianos. Na base, colocar-se-ia um cesto que recolhesse piedosamente a cabeça em sangue dos condenados à morte.

Desde tempos imemoriais, abusa-se do conceito de virtude na prática de inomináveis desvarios. Os imperadores romanos, por exemplo, determinavam o suplício dos cristãos, em nome da caridade política. E, ainda hoje, em nome dela, em todos os países, por vezes, surgem medidas que clamam aos céus.

É por isso que a caridade, antes de tudo, pede compreensão. Não basta entregar os haveres ao primeiro mendigo que surja à porta, para significar a posse da virtude sublime. É preciso entender-lhe a necessidade e ampará-lo com amor. Desembaraçar-se dos aflitos, oferecendo-lhes o supérfluo, é livrar-se dos necessitados, de maneira elegante, com absoluta ausência de iluminação espiritual.

A caridade é muito maior que a esmola. Ser caridoso é ser profundamente humano e aquele que nega entendimento ao próximo pode inverter consideráveis fortunas no campo de assistência social, transformar-se em benfeitor dos famintos, mas terá de iniciar, na primeira oportunidade, o aprendizado do amor cristão, para ser efetivamente útil.

Calar a tempo, desculpar ofensas, compreender a ignorância dos outros e tolerá-la, sofrer com serenidade pela causa do bem comum, ausentar-se da lamentação, reconhecer a superioridade onde se encontre e aproveitar-lhe as sugestões é exercer o ministério sagrado da divina virtude.

Há muita gente habilitada a participar dos sofrimentos do vizinho, mas raras pessoas sabem partilhar-lhe o contentamento. Em frente dos corpos mutilados, ante feridas que sangram e infortúnios angustiosos, ouvem-se exclamações da piedade, mais fingida que verdadeira; entretanto, em torno do bem-estar de um homem honesto e trabalhador, que sacrificou seus melhores anos ao espírito de serviço, comumente caem pedras da calúnia e brotam espinhos da inveja, do ciúme, do despeito.

"Caridade, caridade, quantos crimes se cometem no teu nome!" — poderíamos repetir a frase famosa de Madame Roland, referindo-se à liberdade, diante da morte.

Frei Bartolomeu dos Mártires, o santo arcebispo de Braga, certa vez foi visitado por um fidalgo que lhe pediu a aplicação dos dinheiros da Igreja na construção de uma nova e suntuosa basílica destinada à aristocracia da velha cidade portuguesa.

Teria capitéis dourados, luxuosos altares, torres maravilhosas e naves resplandecentes.

O generoso eclesiástico ouviu, em silêncio, recordou as fileiras de necessitados que lhe batiam diariamente às portas, castigados pela nudez e pela fome, e pediu tempo a fim de estudar o assunto.

Continuava a distribuir os bens que lhe vinham às mãos, em obras de socorro, ante as necessidades prementes da pobreza que lhe buscava o coração e, mensalmente, lá vinha o amigo, renovando o petitório.

Braga necessitava de um templo novo e amplo, cheio de arte, beleza e pedrarias.

O prelado rogava sempre mais tempo para decidir, até que, um dia, resolveu ser mais claro e, depois de ouvir pacientemente a ovelha atacada pela mania de grandezas, respondeu com serenidade cristã:

— Não sei como atender as exigências de Vossa Senhoria. Quando o diabo tentou nosso Senhor Jesus Cristo, pediu-lhe transformasse as pedras em pães. Veja lá que era uma obra meritória que Satanás esperava do divino poder, mas Vossa Senhoria faz muito pior que o demônio, pois vem reclamar sempre para que os pães dos pobres se convertam em pedras.

Como o fidalgo de Braga, há muita gente sedenta de dominação que não realiza senão obras exclusivistas do "eu", ao invés de serviços da benemerência legítima.

Fora da caridade não existe, efetivamente, salvação para os que perderam a luz. O manto dessa virtude sublime cobre a multidão dos pecados, conforme o ensinamento evangélico. Entretanto, em todas as ocasiões, é preciso muito discernimento para que o nosso coração não transforme os pães da possibilidade divina em pedras da vaidade humana.

20

Ouvindo o Mestre

José de Arimatéia, distinto cavalheiro de Jerusalém, não era um amigo de Jesus, à última hora. Efetivamente, não podia aceitar, de pronto, as verdades evangélicas e nem comprometer-se com a nova doutrina. Ligado a interesses políticos e raciais, continuava atento às tradições judaicas, embora observasse carinhosamente o apostolado divino. Sabia orientar-se com elegância e defendia o Nazareno, aparando acusações gratuitas. Impossível considerar Jesus mistificador. Conhecia-lhe, de perto, as ações generosas. Visitara Cafarnaum e Betsaida, reiteradas vezes, e, dono dum coração bem formado, condoía-se da sorte dos pobrezinhos. Em muitas ocasiões, examinara possíveis modificações do sistema de trabalho para beneficiar os servidores da gleba. Afligia-o observar criancinhas desprotegidas e nuas, ao longo das casinholas humildes dos pescadores. Por isso, a presença do Messias Nazareno, em derredor das águas, confortava-lhe o espírito sensível e bondoso, porque Jesus sabia inspirar confiança e despertar alegria no ânimo popular. Não podia segui-lo na posição de apóstolo, mas estimava-o, sinceramente, na qualidade de amigo fiel.

Admirador desassombrado, José não suportava a tentação de apresentá-lo aos amigos prestigiosos e influentes. Não era o propósito propagandístico em sentido inferior que o animava em semelhantes impulsos. Desejava, no fundo, que todos conhecessem o Mestre e o amassem, tanto quanto ele mesmo.

Jesus, porém, se não deixava de atender aos irmãos humildes que lhe traziam os filhos da necessidade e da desventura, não podia endossar os entusiasmos dos amigos que lhe traziam os filhos da fortuna e do poder.

Em razão disso, o seu valoroso admirador de Jerusalém muitas vezes sentiu estranheza, em face do procedimento do Mestre, que se retraía com discrição singular. Os sacerdotes do Templo e autoridades farisaicas, invariavelmente, sentiam-se honrados com a apresentação de romanos ilustres. Mas Jesus era diferente. Guardava uma atitude respeitosa, com admirável economia de emoções e palavras, quando em contato com os poderosos da Terra. Ele, que se revelava alegremente aos pequeninos abandonados, mantinha-se fundamente reservado ante as autoridades intelectuais e políticas, como se fortes razões interiores o compelissem à vigilância.

Conta-se que, certa vez, quando se abeirava do lago, em companhia de Simão Pedro, no radioso crepúsculo de Cafarnaum, eis que lhe aparece José de Arimatéia, de súbito, fazendo-se acompanhar de três amigos que, pela vestimenta, denunciavam a condição de áulicos imperiais. O prestimoso israelita adiantou-se e, depois de cumprimentar cordialmente o Messias, junto de Simão, apresentou-lhe os companheiros:

— Este é Pompônio Comodiano, patrício notável, com funções de assessor no gabinete do prefeito dos pretorianos. Tem sob sua responsabilidade o interesse imediato de inúmeras famílias de servidores do Império.

E, como se quisesse comover o Nazareno, continuava:

— Muitas criancinhas dependem de suas providências e pareceres...

Jesus cumprimentou-o num gesto amigo, e José passou a outro:

— Este é Flávio Graco Acúrcio, questor admirado e cuidadoso, que se responsabiliza por serviços financeiros, desempenhando igualmente funções de juiz criminal. Grandes trabalhos desenvolve no setor da autoridade administrativa, sendo obrigado a trabalho incessante, como elevado servidor do bem público.

O Mestre repetiu a saudação, e o amigo apresentou-lhe o último:

— Este é Quintiliano Agrícola, patrício ilustre, que desempenha as funções de legado do Imperador, em trânsito na província. Já prestou relevantes serviços em Aqüitânia, noutro tempo, e agora dirige-se a Roma, onde prestará relatórios verbais do que observou entre nós, achando-se à frente de importantes responsabilidades referentes ao bem-estar coletivo.

O Mestre saudou e manteve-se em respeitoso silêncio.

Os romanos, que tanto ouviram falar nos prodígios dele, guardavam-no sob o olhar curioso e penetrante.

Alguns minutos passaram, pesadíssimos, até que Pompônio exclamou, depois de alijar pequenina folha seca que o vento lhe depusera na túnica:

— É muito diferente dos nossos magos. É grave e triste...

— Sim — acrescentou Acúrcio —, minha feiticeira do Esquilino sente prazer quando lhe dirijo a palavra. Este, porém, não justifica o renome.

— Na Porta d'Óstia — aduziu Agrícola, pedante e sarcástico — temos o nosso adivinho, que me oferece revelações e sinais. É um feiticeiro admirável. Faz-nos predições absolutamente exatas e conhece todos os acontecimentos de nossa casa, embora se mantenha a grande distância. Não faz muito tempo, descobriu o paradeiro das jóias de Odúlia, que alguns escravos ladrões haviam depositado nos aquedutos.

Movimentava-se a opinião dura e franca dos romanos dominadores, quando José de Arimatéia, desejando uma explicação do Messias, interpelou-o, em tom afável:

— Não tem o Mestre algum sinal para os nossos amigos?

Jesus fixou nos visitantes o olhar muito lúcido e respondeu:

— Já receberam eles o sinal da confiança do Pai, que lhes conferiu, por algum tempo, os cargos que ocupam.

Admirados com a inesperada resposta, os patrícios multiplicaram as perguntas. Queriam demonstrações sobrenaturais, desejavam maravilhas.

O Mestre, porém, depois de ouvi-los com sublime serenidade, ergueu a voz, que eles não ousaram interromper, e falou:

— Romanos, em verdade há feiticeiros que fazem prodígios e magos que distraem os ócios dos homens indiferentes ao destino de sua própria alma. Eu, porém, não vos trago entretenimentos passageiros e sim a solução de interesses eternos do Espírito que nunca morre. Para diversões e prazeres inúteis, tendes os vossos circos cheios de dançarinos e gladiadores. Se desejais, contudo, a Revelação Viva de que sou portador, examinai primeiramente até onde vos comprometereis com César, a fim de servirdes efetivamente a Deus.

Em seguida, fez longa pausa, que os circunstantes não cortaram, e concluiu:

— Em verdade, porém, vos afirmo que se cumprirdes, desde agora, os deveres referentes aos títulos com que vos apresentais, servindo conscientemente a justiça e atendendo aos interesses do bem público, na compreensão fiel das graves responsabilidades que assumistes, estareis com o Pai, desde hoje, e o Pai estará em vós.

Os presentes entreolharam-se, espantados. E quando retomaram a palavra, o Messias Nazareno já se havia despedido de José de Arimatéia e atravessava as águas do grande lago, em companhia de Pedro, em busca da outra margem.

21

Proteção e realidade

Praticando a proteção caridosa, Uriel, entidade angélica, transportara Levindo para uma colônia celestial, cheia de flores abertas e bonançosos ventos, onde almas laboriosas descansavam da luta humana e trabalhavam pela conquista do porvir na esfera superior.

Levindo não cometera crimes que abalassem a opinião dos homens; entretanto, extraíra da existência terrestre todos os proveitos e vantagens suscetíveis de favorecer as paixões inferiores. Estragara, na mocidade, os melhores anos do corpo, perseverara nos prazeres menos dignos em todo o curso da idade madura e, ainda na velhice precoce, fazia questão de parecer um jovem da época, peralta e conquistador.

A moléstia do fígado retivera-o no leito, durante meses; contudo, não lhe atendia o enfermo aos convites de meditação e, longe de tratar convenientemente da enfermidade, lutou, desesperado, contra a sua influenciação invisível, bombardeando-a com venenos químicos de variadas espécies. Duelava e reclamava, choramingando. Queria mais algum tempo na Terra para solucionar alguns negócios, dizia em pranto. Precisava liquidar certos problemas que a sua confiança no corpo adiara indefinidamente, mas o organismo exausto não lhe satisfazia as solicitações. As células cansadas enviavam à mente enérgico ultimato, exigindo independência. Haviam servido, sem cessar, a um tirano que lhes não oferecera tréguas, durante muitos anos de trabalho em comum.

Debalde, recorreu a remédios e providências.

Angustiado, Levindo recebeu a visita da morte numa noite escura e chuvosa, em que a ventania lhe roçava a janela, como lamentoso soluço. Teve medo, experimentou o inenarrável pavor do desconhecido e gritou estentoricamente. Todavia, seus gritos ecoavam noutras dimensões e não atingiam, agora, os ouvidos familiares. A esposa chorava copiosamente, beijando as mãos do seu corpo hirto, mostrando-se, porém, absolutamente insensível aos seus abraços de náufrago, a debater-se num mar pesado de sombras.

Alguém, no entanto, velava por ele, com generosidade fraternal. Era Uriel, o amigo invisível.

Recolheu-o com ternura e cerrou-lhe as pálpebras num sono tranqüilo. Que não pode fazer no Universo o magnetismo divino do amor? Uriel amava o companheiro e, por isso, podia protegê-lo, envolvendo--o nos eflúvios de sua alma rica de luz.

O benfeitor deu-lhe, igualmente, uma rede, onde Levindo gozou abençoado sono de longas horas.

Acordando, contemplou o amigo que o amparava em silêncio. O pobre companheiro, recentemente desencarnado, crivou o mensageiro espiritual de perguntas e admoestações.

Como passavam a mulher e os filhos? A Providência devia recambiá-lo ao mundo, com bastante possibilidade de resolver os seus interesses. Em verdade, poderia ter sido mais previdente. Mas como poderia saber? E a casa? E a organização comercial que lhe custara incessantes desgostos? Estariam de acordo com os desejos dele?

Confortou-o Uriel, com palavras de esperança e amor, tentando tranqüilizá-lo.

Em seguida, usando a autoridade de que podia dispor, conduziu-o a encantadora cidade espiritual, acolhedora e feliz, pequeno céu onde se congregavam espíritos libertos das paixões inferiores, a caminho de sublime purificação.

O dedicado benfeitor apresentou-o aos companheiros. Todos julgaram tratar-se de alguém à altura da luminosa expressão daquele paraíso de entendimento.

Todavia, logo após as primeiras saudações, Levindo revelava-se de maneira deprimente, perguntando, em lágrimas, sobre situações, pessoas e coisas que haviam ficado, a distância, na luta material. A um amigo do novo ambiente, que se identificava pelo nome de Almeida, indagou de antigo devedor de sua organização comercial, que se fazia conhecer no campo terrestre pelo mesmo nome, acrescentando que a dívida do infeliz encarnado montava a mais de cem mil cruzeiros. O interpelado respondeu sorrindo:

— Quem sabe? É possível que esteja no quadro de meus antigos familiares. Somos tantos Almeidas! Entretanto, nada lhe posso adiantar agora. Deixei o sangue terreno, há muitos anos!...

Provavelmente, Levindo desejaria reaver o dinheiro, embora fosse outra a moeda em circulação.

Por mais que Uriel lhe aconselhasse serenidade e senso prático na nova situação, continuava ele em estado de grave exaltação passional.

As brisas cariciosas e o divino céu inflamado de ouro e azul brilhante, as flores matizadas de luz e as torres resplandecentes não conseguiam modificar-lhe a mente apaixonada pelas sensações mais grosseiras da Terra. Se os amigos lhe recomendavam a oração, respondia, em desespero:

— Como entregar-me à prece? Não posso. Não sei como passam minha mulher, meus filhos, meus negócios. Como teriam sido utilizados meus títulos bancários? E o inventário de meus bens? Será que a partilha se verificou justiceiramente?

E, de rosto nas mãos crispadas, debulhava-se em pranto.

Qualquer conversação fraternal acabava em crises angustiosas.

Uriel esforçava-se em vão, até que, um dia, o grande orientador da comunidade espiritual chamou-o delicadamente, falando-lhe com franqueza:

— Uriel, você ama bastante a Levindo?

— Sim.

— Sabe, porém, que a proteção afetuosa somente pode dar resultados benéficos quando o protegido compreende o benefício e deseja recebê-lo?

— Sei.

— Então, ouça: poderia ele permanecer aqui, em nosso recanto celeste, mas a mente do infeliz ainda está no inferno que se esforça por conservar indefinidamente, depois da morte do corpo. Não intente violentar as leis evolutivas.

O benfeitor inclinou a cabeça em sinal de assentimento e permaneceu silencioso, enquanto Levindo era chamado a outras providências.

Advertido pelo grande orientador, respondeu, chorando, que precisava regressar, que a família humana carecia dele, que os negócios deviam estar parados, à sua espera, que necessitava chamar os antigos devedores à prestação de contas. De qualquer modo, desejava partir.

O dirigente da cidade entregou a Uriel uma chave e recomendou:

— Abra-lhe a porta e deixe-o procurar o que lhe pertence.

Nesse mesmo dia, cheio de esperança, Levindo precipitou-se no purgatório terrível, onde a convivência com os demônios do mal lhe curaria a cegueira com o sofrimento corretivo.

22

O sábio juiz

— Salomão, o sábio rei dos israelitas, desde a célebre decisão, entre as duas mães que disputavam o mesmo filho, no princípio de seu reinado, tornara-se famoso juiz, além de soberano generoso e magnificente. Reverenciavam-no todas as tribos judaicas, abençoando-lhe o nome e respeitando-lhe o poder. Em razão disso, além de suas pesadas atribuições administrativas, era obrigado a atender a mil e uma questões dos súditos, que se aproveitavam de sua sabedoria, nos casos da vida particular.

Assim começou a história o simpático ancião do plano superior, que nos visitava, a propósito de certas preocupações que nos prendiam à Terra. Finda a longa pausa, durante a qual conservou sobre os nossos o seu olhar muito lúcido, o velhinho prosseguiu:

— Foi assim que apareceu no reino uma questão estranha. A família de Natan, filho de Belazel, morto desde muito tempo, recebeu alguns papiros, onde se liam mensagens amigas, assinadas por ele, por intermédio de uma pitonisa de Jope, especializada em relações com os espíritos dos mortos. Natan, que não mais pertencia ao mundo dos homens de carne, tinha o cuidado de não interferir em qualquer assunto propriamente humano, para não invadir a esfera de ação dos velhos amigos que deviam caminhar por si, aprendendo com a própria experiência. Comentava as realidades espirituais, referindo-se, de maneira velada, às situações e coisas do novo país a que fora chamado a viver. Entretanto, antigos companheiros seus manifestaram-se absolutamente hostis. Impossível que Natan, patriarca respeitável e amante da lei, voltasse do outro mundo escrevendo aos afeiçoados. Iniciaram-se discussões em tom discreto. Negociantes de cabras e carneiros transportaram o assunto de Jerusalém para a Arábia e da Arábia para a Fenícia.

"Em vista das grandes dúvidas surgidas, encaminhou-se o problema ao esclarecido critério de Salomão. Os descendentes de Natan exigiam o pronunciamento da Justiça, em sentença insofismável.

"O rei examinou o caso e esclareceu que precisava tempo para decidir. Sentia-se espantado. Resolvera já muitos processos de herança e partilha, onde os mortos compareciam como ausentes em definitivo e sem representantes legais, mas nunca lhe surgira um problema em cuja solução devesse considerar direitos e obrigações daqueles que haviam atravessado o horizonte sombrio da morte. Por isso, estudou e meditou dias e noites, ponderando sobre a reclamação havida. Poderia, de fato, emitir um laudo declaratório? Como decidir uma pendência em que havia partes interessadas no outro mundo? Seria razoável considerar apenas o direito dos súditos vivos? E os súditos que haviam partido para a morte, confiantes na justiça do Reino? O morto, certamente, dera o conteúdo dos papiros à pitonisa de Jope, sem qualquer constrangimento, e por sua espontânea vontade. Seria crime obsequiar alguém? Como impedir no mundo o sagrado direito de dar? Extinguir o intercâmbio da amizade entre as almas seria o mesmo que interromper o curso das bênçãos divinas. Jeová, o Magnânimo Senhor, não dava ao seu povo misericórdia e saúde, fortaleza e esperança todos os dias?

"Muitos áulicos do palácio exigiram-lhe perseguições à pitonisa, porque essa cometera a falta de receber as dádivas de um amigo morto. Outros vieram rogar para que o rei poderoso e sábio, em vez de uma declaração, emitisse sentença condenatória. As supostas mensagens, segundo a lei do povo escolhido, não passariam de miserável embuste.

"Salomão, porém, sabia que, apesar da severa proibição do *Deuteronômio*, que vedava o comércio com os mortos, Saul, antecessor de Davi, seu pai, fora consultar uma pitonisa em Endor, antes da batalha de Gelboé, junto da qual recebera preciosas verdades do Espírito de

Samuel. Em são juízo, portanto, a ninguém podia condenar.

Corria o tempo sobre o assunto, quando o povo, sabendo que a Justiça abriria tribunais para ouvir os mortos em suas decisões, começou a pedir audiências ao rei, suplicando-lhe a interferência em seus casos privados. A viúva de Caleb, filho de Jefté, rogava que o esposo falecido viesse renovar o testamento, expulsando os sobrinhos da velha propriedade. Eliezer, filho de Josué, o coxo, queria que o Espírito de seu pai repartisse de novo os camelos, de que o seu irmão Natanael se havia apropriado indebitamente. Jeroboão, velho patriarca da tribo de Issacar, pediu que o grande juiz ouvisse sua mulher já falecida, relativamente aos legados que pretendia deixar para os seus oito filhos. Efraim, filho de Matatias, o mercador de jumentos, desejava que a alma de seu avô regressasse do Além para esclarecer a situação do seu genitor deserdado pela cupidez dos parentes. E até Zarifa, mulher de Jeremias, filho de Heber, veio suplicar uma informação do outro mundo, sobre quem seria o pai de Ruth, a pequenina enjeitada à sua porta.

"Salomão, por mais de trinta dias, concedeu audiências incessantes e recebeu as mais estranhas rogativas, acabando por compreender que a justiça humana era organizada para pessoas humanas e que, de modo algum, deveria invadir os extensos e misteriosos domínios da morte, sob pena de complicar todos os assuntos da vida, incentivando angústias e tormentos da Humanidade.

"Em razão disso, com grande surpresa para os súditos irrequietos, devolveu os papiros aos descendentes de Natan, esclarecendo que a Justiça era um templo sagrado e não podia constituir-se em órgão de consultas sem interesse fundamental para a vida dos homens".

Calara-se o ancião, mas nós outros, que lhe escutáramos a história, atentos à sua palavra cheia de luz, indagamos, involuntariamente:

— Afinal, que disse o rei aos sábios de seu reino? No fundo, qual era, de fato, a sua opinião?

O velhinho sorriu com inteligência e acentuou:

— Salomão esclareceu aos áulicos e aduladores de seu palácio que respeitava Jeová e fazia o culto da reta consciência; que a sua sabedoria não dava para descortinar o mistério do país dos mortos; que se algum Espírito voltasse do túmulo a comunicar-se com as pessoas terrestres, ninguém deveria preocupar-se com o seu nome, e sim com a substância de suas palavras, e que se o comunicante ensinava o bem devia ser considerado emissário dos Céus e ouvido com atenção, e se transmitia o mal deveria ser interpretado como mensageiro do inferno e esquecido para sempre.

23

Advertência fraterna

Meu amigo: pede você uma notícia do país onde vivo agora, não à maneira do turista desocupado, mas como aprendiz atencioso dos mistérios da vida.

É quase impossível satisfazer-lhe a curiosidade.

Ante o carinho da solicitação, lembro-me dos amigos que iam à Europa, saboreando expectativas e novidades. Abraçávamo-nos à partida, quando o cais regurgitava de olhares ansiosos, e, depois, recebíamos pelo correio marítimo os cartões de saudade e afeição. Se passavam pela Itália, tinham o cuidado de selecionar postais preciosos. Enviavam-nos aquarelas do Vaticano ou fotografias encantadoras onde figurassem os pombos de São Marcos. Da França, mandavam-nos belas gravuras alusivas aos monumentos históricos, relacionando museus e castelos, praças e jardins. Da Suíça, remetiam-nos, invariavelmente, as deliciosas e alvas paisagens de neve. Não podíamos gozar-lhes a companhia na contemplação da Torre de Pisa ou do Lago de Como; entretanto, para compreendê-los, possuíamos igualmente as nossas torres, museus, pássaros e lagos. Ao regresso, abraçávamo-nos, de novo, ouvindo-lhes as narrações, encantados e felizes. Voltavam sempre tomados de profunda admiração e cheios de projetos grandiosos. Alguns chegavam a intentar mentalmente a transformação imediata da Candelária num templo análogo à Abadia de Westminster, a fim de recordarem a passagem por Londres; outros idealizavam novas ruas para o seu bairro, idênticas às grandes artérias que se comunicam com o Arco do Triunfo, em Paris. Aos poucos, porém, esqueciam-se do primeiro assombro e reajustavam-se ao café humilde, ao bonde acessível e aos edifícios menos suntuosos.

Entre nós, porém, meu amigo, a distância e as condições não se igualam às que separam Lisboa do Rio de Janeiro. É muito diferente a situação. Exprimindo-me com franqueza, não disponho nem mesmo de recursos para dizer-lhe a lonjura em que me encontro. Os astrônomos terão meios de alinhar números, fornecendo informes das medidas macrocósmicas, e os bacteriologistas dispõem de aparelhos com que demonstram as atividades do plano infinitesimal. Mas o homem desencarnado ainda não pode contar, perante vocês, com a precisa facilidade de expressão.

Movimentamo-nos no sublime Universo, que somos nós mesmos, e as surpresas são tantas e tamanhas que, a rigor, não temos, por enquanto, o vocabulário imprescindível à moldagem verbal das sensações diferentes. Não tenho cartões-postais, nem pinturas, com que possa transmitir-lhe as informações desejáveis. Tenho apenas idéias que lhe envio à mente generosa pelo telégrafo mediúnico. E devendo aproveitar os pensamentos e concepções que você possui, para fazer-me compreendido, é quase inútil que eu lhe descreva meu novo campo residencial... Seu sentimento amigo talvez entendesse algum dos conceitos novos, relativamente à vida eterna do espírito imortal, mas o seu raciocínio cerrar-me-ia a porta. A razão, de fato, é uma luz na consciência humana, mas, por vezes, converte-se num Cérbero feroz, a exercer terrível controle sobre o coração.

Sei, contudo, que o seu interesse por minhas notícias prende-se, acima de tudo, à sua própria situação. Você reconhece que o seu destino será igual ao meu e que, talvez, não tarde o instante em que deverá tomar aquele mesmo carro, incensado de flores, que me transportou os despojos para a mansão do silêncio, já que minha alma tomara o passaporte devido para a misteriosa e bela região que hoje me serve de moradia.

Em razão disso, tomo a liberdade de sugerir-lhe que procure um roteiro para a viagem, antes de buscar qualquer emoção do noticiário.

Sua necessidade fundamental, no momento, não é a de informar-se quanto às revelações daqui, mas a de preparar-se, convenientemente, para vir.

Diminua as suas bagagens de natureza terrestre, é este o meu conselho inicial. Quando abandonei a margem de onde você me escreve, tripulei, eu sozinho, o salva-vidas que a Providência me atirou por misericórdia, e cerquei-me de alguns pequenos tesouros, que desejava conservar, a qualquer preço. Separara-me sem esforço de certos patrimônios materiais que mantinha como valiosos triunfos, mas algumas jóias e lembranças ficariam, por fim, para enriquecimento de meu coração. Todavia, fui compelido a abandoná-las também, a fim de chegar aqui convalescente e esperançoso. Até mesmo os mais leves anéis, que eu guardava nos dedos, fui obrigado a atirar às águas pesadas do esquecimento, para sobreviver.

Diz você que os Espíritos desencarnados pregam demasiadamente a virtude e que se referem, provavelmente em excesso, à caridade, à fé e ao amor cristão, e, por isso, deseja noticiário daqui, mais preciso e concreto.

Que adianta, porém, falar de um país que vocês não compreendem, agora, e para o qual todos os homens se destinam de maneira fatal, sem prepará-los para a grande viagem? Não será mais lógico induzi-los a pensar nos cuidados do presente, para que o futuro lhes seja favorável? Desse modo, eu não posso, em respondendo a você, deixar de recorrer às mesmas imagens dos meus companheiros, que já se encontram igualmente "neste lado".

Faça o bem quanto seja possível, conserve a retidão da consciência e renda-lhe culto diário. Sobretudo, se deseja um aviso mais exato, desamarre o coração, cortando os liames que o prendem à esfera das paixões inferiores, antes de soar o seu toque de partir.

Não se descuide. Trace o seu roteiro e siga-o. Não perca tempo, rogando orientações nesse sentido, porque todos nós possuímos o padrão do Cristo. Atenda ao preparo indispensável, porquanto, dentro de algumas semanas, possivelmente, estarás também conosco, sem coragem de fornecer noticiário a ninguém.

24

No estudo da fé

De quando em quando, surgem movimentos de opinião, reclamando demonstrações mediúnicas em público, definitivas e surpreendentes.

As almas dos mortos deveriam comparecer, segundo a expectativa de muita gente, perante assembléias compactas, oferecendo palpites a ociosos ou personificando os mágicos de todos os tempos. Quando não pudessem fazer escamoteações ou provocar gargalhadas na assistência, seriam obrigadas a representar novos dramas no reencontro com os familiares, em situações patéticas e dolorosas, arrancando lágrimas aos crocodilos da indiferença.

E, apressados, são muitos os curiosos que exigem o espetáculo. Alguns, mais palavrosos, recordam Tomé, o discípulo investigador, e explanam a necessidade de negar sistematicamente; todavia, para o grande número dos que se julgam com o direito de aparecer como apóstolos inquiridores, não há um só desencarnado, consciente das obrigações próprias, com bastante audácia para tentar a personificação de Jesus Cristo, em cópia grotesca e injustificável.

Os pobres amigos da inquietação destrutiva dizem-se procuradores da fé. Exigem-na, exasperados. Desejam acreditar na vitória da vida sobre a morte, querem certificar-se da sobrevivência, mas não encontram as provas que solicitam. Na azáfama das reclamações descabidas, acusam pessoas honestas e respeitáveis. Os médiuns, no conceito deles, não passam de embusteiros e os cooperadores da causa das verdades espiritualistas são simplesmente papalvos que engoliram o "conto". Habituados ao culto externo das religiões amigas da letra, que não lhes pedem senão algumas esmolas aos sábados e algumas orações labiais aos domingos, acreditam que bastaria um grande espetáculo com Espíritos materializados, a fim de se sentirem senhores absolutos da Revelação Divina. E por isso, quando encontram ensejo de alguma experiência isolada, em que a oportunidade da aquisição de fé lhes banha o coração como fonte cristalina, agarram-se à superfície dos acontecimentos e das coisas, apaixonadamente. Cercam-se de balanças e termômetros, de trenas e aparelhos elétricos, observando o médium como se fora um pequeno deus, de cuja boca, transformada em cornucópia de maravilhas, aguardam supremas revelações da verdade. Os médiuns, porém, não obstante a delicadeza e complexidade da tarefa que receberam, são instrumentos humanos e relativos de uma verdade igualmente relativa, porque a morte do corpo não é a derradeira conquista de sabedoria.

Desiludidos na expectativa injusta, os pioneiros da investigação retiram-se desalentados e confundidos por si mesmos. Para eles, nessas circunstâncias, os sensitivos não satisfazem e os homens de fé são pessoas fanatizadas e imbecis.

Entretanto, essas velhas diretrizes dos estudantes irrequietos não passam de observação incompleta, originária de antigas e ridículas cristalizações da insensatez.

Como resolver problemas espirituais sem atitudes espirituais? Como exigir dos outros a solução de enigmas que nos dizem respeito? Poderia um médium construir no coração alheio o edifício da fé viva, se ele mesmo é um trabalhador que necessita atender às questões que lhe são próprias? Experiências mediúnicas, favores recebidos da esfera superior, podem apenas fornecer convicções, como essa ou aquela escola científica proporciona convicções aos aprendizes, nesse ou naquele campo de atividades práticas.

A fé, a paz, o ideal, a confiança, a libertação, a sabedoria constituem obras individuais de cada um. Ninguém possuirá a felicidade se não a construir dentro de si mesmo.

Naturalmente que em nossas palavras despretensiosas e humildes não vai qualquer crítica destrutiva à metapsíquica moderna.

Nos mercados, haverá sempre, em obediência a imperativos naturais que governam a existência humana, quem pese, examine e selecione os produtos alimentícios, tendo em vista a higiene e a saúde pública, mas é preciso convir que se os funcionários de contabilidade e inspeção não se aproveitarem dos artigos que observam, na alimentação própria, morrerão provavelmente de fome.

Assim também, nos assuntos da crença. No seu campo de ação, é indispensável estabelecer o serviço de análise e ponderação, porque é da lei que o joio se desenvolva ao lado do trigo, até que venha a ceifa. Entretanto, consultar a fenomenologia, examinar a superfície dos fatos, verificar a existência do inabitual, conhecer a grandeza do ensino e menosprezá-lo com a indiferença não constituem a solução legítima do problema da alma.

No estudo da fé, portanto, não bastará organizar demonstrações públicas de mediunidade, nem abrir espetáculos à curiosidade indiscreta dos negadores sistemáticos.

Quem se proponha à realização íntima para o bem, deve, antes de tudo, melhorar-se. Procure-se com alma e coração as verdades de Deus e as verdades de Deus responderão.

Os romanos que conquistaram a Bretanha, ao descerem das galeras, queimaram-nas na praia, assinalando a coragem com que enfrentariam, sozinhos, os perigos da terra desconhecida.

Quem não destruir as naus do preconceito, da opinião pretensamente infalível e da crítica precipitada, ante o novo continente de sabedoria que o Espiritismo descortina ao homem, a fim de lutar com os recursos próprios, pela aquisição de valores eternos, sem comunicação com o plano inferior de que procede, dificilmente poderá alcançar a sublime vitória da conquista de si mesmo.

25

A palavra do morto

Quando Saul sentiu o peso das tremendas responsabilidades, no campo da autoridade e do poder, lembrou-se imediatamente de Samuel, o grande juiz que o precedera na direção dos israelitas. O nobre varão, todavia, fora arrebatado ao mundo da morte. No entanto, o rei sabia que os mortos podiam voltar, fazendo-se ouvidos. Interrogando os áulicos do seu séqüito, soube que em Endor havia uma pitonisa que talvez pudesse satisfazer-lhe os propósitos.

Não hesitou e dirigiu-se a ela. E quando a intermediária caiu em transe, após admoestá-lo quanto ao anonimato a que se recolhera, eis que Samuel lhe surge aos olhos assombrados. Não é um fantasma que o visita, trazendo resquícios da sepultura. É o verdadeiro Samuel, materializado à plena luz, que lhe estende as mãos acolhedoras. Não tem as insígnias de juiz e o seu olhar, outrora severo e autoritário, mantém-se impregnado de humildade infinita. Ampla capa resguarda-lhe o corpo, e enquanto recompõe a sua figura, a fim de conversar calmamente, Saul cai, genuflexo, em pranto convulsivo.

— Ó santo juiz de Israel — pergunta o Rei, emocionado e confundido —, onde estão as tuas insígnias de Enviado de Jeová? Por que voltas do túmulo, pobre e simples, como qualquer mortal?

Contemplou-o Samuel, tristemente, e respondeu:

— Saul, que o Eterno te abençoe e te conceda paz! Não me perguntes pelas possessões e honrarias efêmeras. Minha túnica de linho de julgador e minha espada de guerreiro ficaram para sempre no sepulcro de Ramá. O homem que exerce a Justiça, perante o Supremo, não deve aguardar prerrogativas diferentes daquelas que felicitam os ministros do Senhor, em qualquer trabalho proveitoso... Mas ouve! Que te induz a chamar-me do túmulo? Por que razões interrompes o meu trabalho no reino dos mortos?

Saul enxugou as lágrimas abundantes e falou:

— Ó grande juiz, aconselha-me! Estamos na véspera de grandes batalhas e tenho o coração cheio de maus presságios!... Sinto-me inquieto, hesitante... Dize-me o que pensas, concede-me as tuas diretrizes sábias e justas!

O Espírito de Samuel fitou-o, melancolicamente, e voltou a interrogar:

— Que desejas que eu diga?

— A verdade! — disse o Rei, ofegante.

A entidade sorriu e observou:

— Entre os homens que vivem na carne e os que já reviveram, fora dela, ao sublime influxo da morte, a verdade é sempre terrível. Poderás, acaso, suportá-la?

Respondeu Saul, afirmativamente.

O Espírito materializado avançou para ele, afagou-lhe a cabeça e falou, comovido:

— Volta então ao povo de Israel, desarma o nosso exército e dize à nação que o nosso orgulho racial é um erro nefasto e profundo, diante da morte, inevitável para todos. Notifica as doze tribos de que nossas guerras e atritos com os vizinhos são malditas ilusões que nos agravam as responsabilidades, diante do Deus Altíssimo. Cientifica-os de que a morte ensinou a mim, último juiz dos israelitas, as mais estranhas revelações. O Senhor supremo não está em nossa arca de substância perecível do mundo, que não passa de mero símbolo, respeitável embora... Onde teremos buscado tanta audácia para nos julgarmos privilegiados do Eterno? Que espíritos satânicos penetraram nossos lares, para odiarmos o trabalho pacífico, entregando-nos ao monstro da guerra, que espalha a fome, a peste e a desolação? É verdade que os nossos antepassados muito sofreram nas perseguições da Babilônia e no cativeiro do Egito, mas também é inegável que nunca soubemos valorizar os favores e as graças de Jeová, o Pai magnificente. Reajustando agora os meus conhecimentos pelas imposições do sepulcro, eu mesmo, que cultivava a Justiça e supunha servir ao Senhor, compreendo quanto me afastei das vozes espirituais que nos induziam ao escrupuloso cumprimento da Lei. Sou hoje obrigado a socorrer os nossos armadores e frecheiros, guerrilheiros e pajens de armas, que choram e sofrem junto de mim e aos quais ajudei na matança. Volta, pois, Saul, enquanto é tempo, e ensina aos nossos a realidade dura e angustiosa. Explica-lhes que os filisteus são também filhos do Altíssimo e que, ao invés de nos odiarmos, é imprescindível nos amemos uns aos outros, auxiliando-nos reciprocamente, como irmãos. Os lares de Jerusalém não são melhores que os de Ascalão. Vai, e ensina ao nosso povo uma vida nova! Faze que os instrumentos destruidores do extermínio se voltem para o trabalho pacífico e abençoado no solo da Terra!

Saul soluçava, de joelhos. Como aceitar os conselhos inesperados e humilhantes? Não se sentia com a força precisa para recuar. Buscava orientação para a vitória na batalha e o juiz inesquecível de Israel voltava do misterioso reino da morte para induzi-lo à submissão? O Espírito de Samuel compreendeu-lhe a luta íntima e falou, carinhoso:

— Lembra-te do tempo em que, humildemente, reunias jumentas no campo, na pobre condição de descendente da tribo de Benjamim, e não estranhes minhas palavras. Recorda-te que, quando o Senhor deseja conhecer as conquistas de uma alma, dá-lhe a autoridade e a fortuna, o governo e o trono para a terrível experiência. Atende a Deus e domina-te. Executa a vontade do Senhor e esquece-te, para que possas, de fato, triunfar, por sua Divina Misericórdia.

Fez-se então pesado silêncio. Como Saul chorasse, o mensageiro, desejando ultimar a entrevista, perguntou:

— Desistirás da carnificina? Reconciliar-te-ás com os inimigos? Ensinarás ao povo a humildade, o serviço e a concórdia?

O Rei de Israel fez um esforço supremo e respondeu:

— É impossível! Não posso!

O Espírito fitou-o com profunda tristeza e acrescentou:

— Como pedes, então, conselhos à luz da sabedoria, se preferes a prisão nas trevas da ignorância? O Senhor envia-te as verdades de hoje, por minha boca, mas, se persistes em desatendê-lo, rasgará o reino que guardas nas mãos e entregará a outrem a autoridade. E se não deres ouvidos à Divina Palavra, executando os sinistros propósitos de tua ira, sofrerá Israel contigo as conseqüências de tua rebeldia, cairás aos golpes do adversário e, amanhã mesmo, serás recolhido pela morte, juntamente com os teus filhos, vindo aprender conosco que ninguém confundirá o Eterno Poder!

Voltou Samuel à sua condição no plano invisível e Saul caiu desmaiado de espanto, enquanto a pitonisa acordava para socorrê-lo.

E como acontece a muita gente que roga orientação aos Espíritos desencarnados, Saul desprezou as advertências ouvidas e atendeu aos caprichos condenáveis de seu coração, mas também, no dia seguinte, estava com os filhos no caminho sombrio do sepulcro, a fim de aprender com a morte as sagradas lições da vida.

26

Na edificação

Os ociosos de todos os tempos sempre encontram infinitos recursos para escapar ao círculo das obrigações que lhes competem. Comumente, estão queixosos e desalentados. Para eles, os melhores cargos estão providos, no templo de serviço em que trabalham; as maiores realizações já foram levadas a efeito; as estações do ano trazem variações decisivas que os compelem à permanência no lar; as relações sociais são algemas que os agrilhoam às longas conversações; os menores sintomas de enfermidade constituem ensejo a dilatadas teorias sobre diagnoses diversas. Estão rodeados de obstáculos e não realizam coisa alguma. Gastam fortunas para que ninguém os aborreça e se alguém lhes pede contas dessa ou daquela edificação, explicam que não tiveram sorte, essa sorte por eles transformada num gênio cego que distribui os favores divinos, a torto e a direito.

Assim acontece, igualmente, no campo das realizações de ordem espiritual. É incontável o número de pessoas que se aproximam das fontes espiritistas, afirmando-se desejosas de iluminação. Querem as bênçãos da esfera superior, desejam aquisições mediúnicas, pretendem participar dos serviços de auxílio. Entretanto, em todos os cometimentos do progresso legítimo, o problema da construção não se resume à palavra. É necessário dispor de material efetivo na concretização dos propósitos elevados. A casa reclama pedra e cal. A ferrovia pede trilhos adequados. A usina solicita aparelhagem. Se, na vida física, há necessidade do aproveitamento de recursos vivos e substanciais, como dispensar a boa vontade e os valores do homem, nas edificações do espírito?

Inúmeros corações dirigem-se a nós, suplicando auxílio, mas como lhes ministrar o socorro fraterno? Esperam que as almas desencarnadas lhes tomem a iniciativa, subtraindo-os a toda espécie de responsabilidades e preocupações.

Que movimento doutrinário, porém, seria esse em que os amigos experientes, a pretexto de proteção e socorro, instituiriam o regime da irresponsabilidade e da preguiça sistemática? Estariam os mortos tão desocupados, não recebendo da vida outra obrigação que essa de converter a grande universidade da existência humana em simples jardim da infância?

Bondosos amigos nossos comparecem às reuniões do Espiritismo e aguardam fenômenos estupefacientes. Intentam consolidar a fé e se dizem necessitados de paz íntima; todavia, esperam as manifestações maravilhosas dos desencarnados, como se todas as suas construções interiores dependessem disso. Às vezes, recebem o que pedem, mas ficam na situação do espectador que se espantou no circo, vendo as acrobacias do atleta, dançando numa corda frágil, a quinze metros de altura, ou contemplando, boquiaberto, o mágico que engole fogo. Findo o espetáculo, volta para casa, a fim de atender às obrigações pertinentes à família e à rotina de luta redentora. Ocorre o mesmo nas observações espirituais. Terminada a injeção de emotividade, o estudante, o crente e o investigador regressam ao campo habitual, onde os deveres de cada dia lhes aguardam o testemunho de amor e compreensão.

Daí essa necessidade de renovação do pensamento que os desencarnados esclarecidos apregoam.

Muitos companheiros se aproximam de nosso plano e pedem qualidades de cooperação, esquecendo-se, porém, de que eles são portadores delas. Apenas necessitam dilatá-las, com educação e proveito. Esse desenvolvimento, contudo, não pode ser uma realização do exterior para o interior. Não são os Espíritos que desenvolvem os médiuns, e sim estes que apuram as faculdades receptivas, alargando as suas possibilidades de colaboração e valorizando-as pelo estudo constante e pela aplicação própria às obras da verdade e do bem.

Que dizer de uma pessoa que aspira ao diploma de médico, detestando os doentes? Como apreciar o falador pedante que deseja cooperar nos serviços da sabedoria, mantendo-se nos círculos escuros da ignorância? Outros propõem-se a receber a luz brilhante do cume, entretanto sentem receio do caminho. Temem as pedras, os espinhos e as serpentes prováveis, talvez ocultas nas várias regiões que separam o vale da montanha. Obrigá-los a ajudar o enfermo, a soletrar o alfabeto e a fugir das tentações não é atitude compatível com a lei de vida e liberdade que nos rege.

O próprio Jesus, segundo a venerável lição do Evangelista, permanece à porta e bate. Se alguém abrir, Ele entrará com as bênçãos divinas. Ele, o Mestre, traz a sabedoria, o amor, a luz e a revelação, mas não tem a chave, que pertence ao aprendiz, filho de Deus e herdeiro da vida eterna, como Ele próprio. Poderia, efetivamente, violentar a habitação e destruir o impedimento. Foi o Cristo, Senhor e organizador do planeta, quem forneceu ao usufrutuário do mundo a matéria-prima para a edificação temporária em que se mantém, mas, administrador consciencioso e justo, sabe que, acima de tudo, permanece a autoridade do Pai, e espera, nos casos de rebeldia e endurecimento, que o Doador universal se manifeste. E, por vezes, a ordem suprema é de bombardeio demolidor. Aí, então, não há necessidade de chave para a abertura. Os impactos diretos do sofrimento modificam a habitação, apenas com a circunstância desagradável de que o dono por muito tempo se aprisiona na perturbação e na dor, antes de retomar a oportunidade de nova construção.

27

Identificação do Espírito

— Corria o ano de 1581, quando um caso estranho ocorreu em Sevilha — contou-nos o Espírito do padre Diego Ortigosa, em agradável tertúlia fraternal.

— Desencarnara um médico atencioso e amigo dos pobres, D. Juarez Costanera y Salcedo — continuou ele com a graça do narrador inteligente —, quando, alguns meses mais tarde, apareceu uma jovem que se dizia assistida pela alma do esculápio, ensinando medicação à pobreza desamparada. Encheu-se-lhe a casa humilde e tosca de famintos da saúde, e o médico desencarnado atendia, de boa vontade, orientando o tratamento de criaturas enfermas e infelizes. A donzela, convertida em intermediária, não mais encontrou tempo para cuidar de si mesma. As horas disponíveis eram escassas para atender a pessoas doentes e abatidas de sua cidade e vizinhanças. Pouco a pouco, o fenômeno tornava-se conhecido a distância e grande número de peregrinos lhe batiam à porta. Vinham de longe e queriam possuir, de novo, a saúde, a paz, a esperança.

"Corria o interessante trabalho, regularmente, mas os familiares de Costanera y Salcedo não viram com bons olhos a movimentação popular em torno da memória do seu chefe desencarnado.

"A jovem Cecília Anteguera, que servia de médium entre o morto prestativo e as criaturas angustiadas, tinha vida simples, atendendo às necessidades dos outros e aos seus próprios deveres em família, mas foi denunciada à Inquisição como feiticeira.

"Não tardou o encarceramento. A acusada invocou os princípios de caridade a que servia, recorreu ao nome de Deus, amigos dedicados intercederam por ela, junto aos algozes, mas a pobrezinha foi retida, incomunicável, para longas inquirições. A par dos beneficiários agradecidos que pediam a sua absolvição, surgiram senhoras fanatizadas e cavalheiros inconscientes que afirmavam tê-la visto entregando-se a noturnos sortilégios, na via pública, ou explorando a boa-fé alheia, como ladra vulgar, terminando as acusações gratuitas com o pedido de condenação formal e imediata. Alguns chegavam a rogar lhe fosse dada a bênção da fogueira ou a graça de ser esquartejada viva, no auto-de-fé, em nome da caridade da Igreja.

"E não valeram os bons ofícios dos protetores prestigiosos.

"O padre Gaspar Alfonso Costanera y Salcedo, primo do morto, estava interessado na perseguição e, por isso, fez o possível por guardar a jovem na cela imunda. Prometia uma verificação pessoal. Queria certificar-se. Muitos santos da Igreja haviam visto e ouvido as almas dos mortos. E acrescentava, pedante, que esses fatos eram conhecidos desde os patriarcas hebreus, não obstante a proibição de Moisés, que se manifestara contrário ao intercâmbio com os mortos. Entretanto, a seu ver, aquela mulher seria uma bruxa mentirosa e repugnante. Seu primo D. Juarez estava no Céu, gozando a companhia dos anjos e não voltaria a confabular com mortais desprezíveis. Para isso recebera missas a rodo e solenes exéquias. Que motivo, perguntava ele, levaria um médico a apaixonar-se pelos doentes, além do túmulo? Os santos e santas tinham visto almas glorificadas, em beatitude celeste, mas aquela endemoninhada tinha o topete de afirmar que o seu ilustre parente continuava a interessar-se pela Medicina, depois da morte.

"Não seria loucura?, interrogavam os amigos da acusada. E, se fosse, não seria justo desculpar a demente?

"O padre loquaz, porém, deblaterava, irritadiço, e insistia pela prova final.

"Com efeito, após longos dias de expectativa, Cecília Anteguera, abatida e enferma, trazendo nos punhos e braços os sinais de terríveis flagelações, foi trazida a uma sala vastíssima, onde se reuniam alguns juízes eclesiásticos, sob a presidência do Inquisidor-mor.

"A pobre medianeira, sob olhares sarcásticos, rogou, em silêncio, a Deus a visita do médico desencarnado. Não seria razoável que o Espírito desse prova de sua sobrevivência? Ficaria desamparada perante os verdugos?

"Eis que D. Juarez, o morto, se aproxima.

"Transfigura-se a médium. Observando-lhe a palidez e as alterações fisionômicas, o padre Gaspar atende a um sinal do Inquisidor-mor e pergunta, contendo a emoção:

"'Estamos em presença do demônio?'

"A entidade sorriu, utilizando os lábios de Cecília, e respondeu:

"'Estais em presença do Espírito.'

"'Como se chama? — indagou o clérigo.'

"'Não tenho nome — replicou o desencarnado —, o Espírito é universal.'

"E continuou o diálogo:

"'Confessa que já morreu?'

"'Sim, já perdi o corpo físico.'

"'Tem uma pátria?'

"'Tenho.'

"'Qual?'

"'O mundo inteiro.'

"'Deixou alguma família na Terra?'

"'Deixei.'

"'Como se chama essa família?'

"Antes da resposta, os inquisidores denotavam grande aflição, mas D. Juarez respondeu sem hesitar:

"'Chama-se Humanidade.'

"'Vem do inferno ou do purgatório?'

"'Não é de vossa conta.'

"'Tem recomendações a fazer a pessoas do mundo carnal?'

"'Não devo lembrar o que me compete esquecer para o bem comum.'

"'Reconhece a autoridade da Igreja?'

"'Reconheço a eterna autoridade de Jesus Cristo.'

"'Oh! Oh!... — exclamaram os circunstantes.'

"'Finalmente, qual a sua profissão de fé, o seu propósito? — perguntou o padre Gaspar, exasperado.'

"D. Juarez, o morto, respondeu sem titubear:

"'Amar a Deus sobre todas as coisas e o próximo como a mim mesmo, cultivar a verdade, fazer o bem e colaborar na fraternidade universal.'

"Nesse instante, levantaram-se todos, sob grande revolta. O Inquisidor-mor recomendou o recolhimento da endemoninhada, até ulterior deliberação, explicando-se aos sevilhanos que coisa alguma ficara esclarecida e que o assunto não passava de farsa condenável e odiosa".

O narrador fez uma pausa mais longa, mas um dos amigos presentes, interpretando o nosso interesse, indagou:

— E a médium? Que lhe aconteceu?

— Vocês ainda perguntam? — disse o padre Ortigosa, em tom significativo. — Como a Inquisição não podia punir o Espírito, queimou a intermediária, em solenissimo auto-de-fé.

Em seguida, sorriu bondosamente e concluiu:

— Cecília de Anteguera, porém, logo após entregar o corpo às cinzas, uniu-se ao Espírito de D. Juarez, em serviço muito mais elevado e profícuo às criaturas humanas, encontrando no sacrifício a sua melhor realização, convertendo-se ainda em devotada amiga de todos os seus acusadores e verdugos, aos quais sempre recebeu, caridosamente, nos primeiros degraus da passagem sombria do túmulo.

28

Depois da ressurreição

Contou-nos um amigo que, logo após a ressurreição do Cristo, houve grande movimentação popular em Jerusalém.

O fato corria de boca em boca. Sacerdotes e patriarcas, negociantes e pastores, sapateiros e tecelões discutiam o acontecimento.

Em algumas sinagogas, fizeram-se ouvir inflamados oradores, denunciando a “invasão galiléia”.

— Imaginem — exclamava um deles da tribuna, diante das tábuas da lei —, imaginem que a mulher mais importante do grupo, a que se encarregou da chamada mensagem de ressurreição, é uma criatura que já foi possuída por sete demônios. Em Magdala, todos a conhecem. Seu nome rasteja no chão. Como aceitar um acontecimento espiritual, através de pessoa desse jaez? Os galileus são velhacos e impostores. Naturalmente cansados da pesca, que lhes rende parcos recursos, atiram-se, em Jerusalém, a uma aventura de imprevisíveis conseqüências. É indispensável reajustar impressões. Moisés, o maior de todos os profetas, o salvador de nosso povo, morreu no monte Nebo, contemplando a terra da promissão sem poder penetrá-la... Por que motivo um filho de carpinteiro, que não foi um doutor da lei, alcançaria semelhante glorificação? Acaso, não foi punido na cruz como vulgar malfeitor? Se os grandes profetas da raça, que se mantêm sepultados em túmulos honrosos, não se fazem ver nos céus, como esperar a divina demonstração de um homem comum, crucificado entre ladrões, na qualidade de embusteiro e mistificador?

A argumentação era sempre ardente e apaixonada.

Na sinagoga em que se congregavam os judeus da Batanéia, outro orador tomava a palavra e criticava, acerbamente:

— Onde chegaremos com a ilusão do regresso dos mortos? Estamos seguramente informados de que o caso do carpinteiro nazareno não passa dum embuste de mau gosto. Soldados e populares viram os pescadores galileus subtraindo o corpo ao túmulo, depois da meia-noite. Em seguida, como é de presumir-se, mandaram uma certa mulher sem classificação começar a farsa no jardim.

E, cerrando os punhos, bradava:

— Os criminosos, porém, pagarão! Serão perseguidos e exterminados! Sofrerão o suplício dos traidores, no átrio do Templo! Apenas lamentamos que José de Arimatéia, ilustre homem do Sinédrio, esteja envolvido no desprezível assunto. Infelizmente, o túmulo execrável situa-se em terreno que lhe pertence. Não fora isso, iniciaríamos, hoje mesmo, a lapidação de todos os culpados. Lutaremos contra a mentira, puniremos os que insultam nossas tradições veneráveis, honraremos a lei de Israel!

E as opiniões chocavam-se, em toda parte, como fogos acesos.

Os discípulos, para receberem as visitas espirituais do Mestre e anotar-lhe as sugestões, reuniam-se, secretamente, a portas fechadas. Por vezes, escutavam as chufas e zombarias que vinham de fora; de outras, percebiam o apedrejamento do telhado, circunstâncias que os obrigaram a continuadas modificações. Não fixavam o ponto de serviço. Ora se encontravam em casa de parentes de Filipe, ora se agrupavam na choupana de uma velha tia de Zebedeu, o pai de João e Tiago. Num meio tão vasto de intrigas e vaidades sem conta, era necessário esconder a alegria de que se sentiam possuídos, cultivando a verdade ao calor da esperança em épocas melhores.

Simão Pedro e os demais voltaram à Galiléia, para "vender o campo e seguir o Mestre", como diziam na intimidade. Estavam tocados de fervor santo. A ressurreição enchera-lhes a alma de energias sublimes e até então desconhecidas. Que não fariam pelo Mestre ressuscitado? Iriam ao fim do mundo ensinar a Boa Nova, venceriam trevas e espinhos, pertenceriam a Ele para sempre. Reorganizaram, pois, as atividades materiais e regressaram a Jerusalém, a fim de darem início à nova missão.

Instalados na cidade, graças à generosa acolhida de alguns amigos que ofereceram a Simão Pedro o edifício destinado ao começo da obra, consolidou-se o movimento de evangelização. Os aprendizes, depois do Pentecostes, haviam criado novo ânimo. Suas reuniões íntimas prosseguiam regulares e as assembléias de caráter público efetuavam-se sem impedimento. As fileiras intermináveis de pobres e infelizes, procedentes dos "vales de imundos", lhes batiam à porta, recebendo carinhosa atenção, e esse espírito de serviço aos filhos do desamparo conquistou-lhes, pouco a pouco, valiosos títulos de respeitabilidade, reduzindo-se, de algum modo, o número dos escarnecedores, compelidos então a silenciar, pelo menos até quando as autoridades favorecessem novas perseguições.

Todavia, continuava o problema da ressurreição. Teria voltado o Cristo? Não teria voltado?

Prosseguiam os atritos da opinião pública, quando algumas pessoas respeitáveis lembraram ao Sinédrio que fosse designada uma comissão de três homens versados na lei, para solucionar a questão junto dos discípulos. Efetuariam um interrogatório e exigiriam provas cabais.

Aprazada a ocasião, houve rebuliço geral. Agravaram-se as divergências e surgiram os mais estranhos pareceres. Por isso, no momento determinado, grande massa popular reunia-se à frente da modesta casa, onde os apóstolos galileus atendiam os sofredores e ensinavam a nova doutrina.

Os três notáveis varões, todos filiados ao farisaísmo intransigente, penetraram a residência humilde, com extrema petulância.

E Simão Pedro, humilde, simples e digno, veio recebê-los.

Efetuado o preâmbulo das apresentações, começou o inquérito verbal, observado por dois escribas do Templo.

Jacob, filho de Berseba, o chefe do trio, começou a interrogar:

— É verdade que Jesus, o Nazareno, ressuscitou?

— É verdade — confirmou Pedro, em voz firme.

— Quem testemunhou?

— Nós, que o vimos várias vezes, depois da morte.

— Podem provar?

— Sim. Com a nossa dignidade pessoal, na afirmação do que presenciamos.

— Isso não basta — falou rudemente Jacob, sob forte irritação. — Exigimos que o ressuscitado nos apareça.

Pedro sorriu e replicou:

— O inferior não pode determinar ao superior. Somos simples subordinados do Mestre, a serviço de sua infinita bondade.

— Mas não podem provar o fenômeno da ressurreição?

— A fé, a confiança, a certeza são predicados intransferíveis da alma — aduziu o Apóstolo, com humildade. — Somos trabalhadores terrestres e estamos longe de atingir o convívio dos anjos.

Entreolharam-se os três fariseus, com expressão de ira, e Jacob exclamou, trovejante:

— Que recurso nos sugere, então, miserável pescador?! Como solucionar o problema que provocaram no espírito do povo?

Simão Pedro, dando mostras de grande tolerância evangélica, manteve imperturbável serenidade e respondeu:

— Apenas conheço um recurso: morram os senhores como o Mestre morreu, e vão procurá-lo no outro mundo e ouvir-lhe as explicações. Não sei se possuem bastante dignidade espiritual para merecerem o encontro divino, mas, sem dúvida, é o único meio que posso sugerir.

Calaram-se os notáveis do Sinédrio, sob enorme estupefação.

No silêncio da sala, começaram a ecoar os gemidos dos tuberculosos e loucos mantidos lá dentro. Alguém chamava Pedro, com angústia.

O amoroso pescador fitou sem medo os interlocutores e pediu:

— Dêem-me licença. Tenho mais que fazer.

Voltou a comissão sem resultado algum, e a discussão continua há quase vinte séculos...

29

Espírito desencarnado

O Espírito de Garcia Maciel aproximava-se do "outro mundo", tomado de infinito receio.

Afinal, não era a morte outro monstro lendário a desafiar a pobreza humana. Fizera-se Hércules, mentalmente, para sentir-se desafrontado, ante a serpe desconhecida, mas, agora, desejava fazer-se verme. Ao longe, acenava-lhe outra paisagem. Desdobravam-se, perante os seus olhos extasiados, maravilhas de natureza divina, que jamais pudera conceber na jaula dos ossos. E sentia bem que a sua antiga organização fisiológica não passava de jaula, embora de essência divina, porque, observando a amplitude dos novos céus e a beleza dos caminhos novos, chegava à conclusão de haver atravessado a existência humana na condição de uma fera. Lembrava os tempos de revolta íntima, os desequilíbrios emocionais de que era vítima constante, e sentia vergonha. No fundo, acreditava não ter vivido à luz dos valores espirituais, e sim à maneira de leão, provisoriamente guindado à forma humana. Os gritos de vaidade ferida, os ataques de orgulho humilhado, com os quais tantas vezes escandalizara os amigos e inimigos, não constituíam caracte-rísticos do grande animal do deserto?

Foi por isso que Garcia Maciel, homem sofredor, que desempenhara atribuições de escriba moderno entre as criaturas, chorou copiosamente, envergonhado e abatido.

Rabiscara muitas páginas e gastara imensa quantidade de fosfato e papel, informando o público. Entretanto, como não se lembrara de escrever exaltando a vida vitoriosa? Preferira a consulta incessante aos arquivos e a descida ao passado remoto. Entusiasmara-se com as histórias de deuses e ninfas, perdera-se nas divagações dos filósofos e mergulhara a mente nos documentos antigos, como o rato de livros velhos, para enfileirar, em seguida, as referências preciosas, mas... e a realidade eterna? Em verdade, não lhe merecera maior atenção. Fixara o momento, pincelara o quadro da hora, absorvera-se no imediatismo, mas olvidara o espírito imortal e a grandeza do Universo divino. Admitira, nos seus tempos de pão difícil, que a decifração dos mistérios da alma era função do sacerdote, mas a revelação defrontava-o ali, depois do sepulcro, a ele que não fora ministro religioso de qualquer confissão e que se filiara, sempre, à congregação dos desiludidos e descrentes.

Banhavam-no os raios da luz misericordiosa e sublime das bênçãos de Deus.

Demorou-se Garcia algum tempo, em jornada ativa, antes de alcançar as primeiras portas. Ao seu lado, outros seguiam, receosos e angustiados. Ninguém poderia varar a fronteira sem limpar os pés e mudar as sandálias.

Depois do inesperado esforço e da longa expectativa, entrou, humilde. Contudo, a autoridade espiritual que presidia no pórtico recebeu-o com carinho e bondade. Não o tratava como se fora um leão, de quem se sentia ele parente próximo. Acolhia-o como a um menino necessitado de socorro, desses que se perdem na rua, não por falta de assistência, mas pelo congênito apego à vagabundagem.

Saudações e agradecimentos.

— Agora, meu amigo — falou o porteiro, amável —, te encontras no limiar de maravilhoso e divino santuário. É preciso, entretanto, esperar, muito tempo, a entrada definitiva. Todavia, podes penetrar o átrio, descansar e refazer-te.

Semelhante concessão significava uma bênção. As perspectivas eram magníficas. Estradas brilhantes desenhavam-se-lhe aos pés, recordando o paraíso bíblico, iluminado por leques de luz e atapetado de flores resplandecentes. Para o recém-chegado, o átrio, em si mesmo, já significava o Céu. Entretanto, Garcia recuou. E os amados? Deixara no purgatório terrestre as afeições mais doces. O encarregado da recepção compreendeu-lhe a angústia e perguntou:

— Que sentes?

— Meu benfeitor — disse o novato, hesitante —, e os bens de minha alma que ficaram na Terra?

— De ti mesmo, constam aqui somente os bens que trouxeste. Quanto aos que deixaste na esfera carnal, constituíam um empréstimo a longo prazo.

Desapontado, Garcia tornou:

— E a esposa, os filhos, os amigos?

— Todo amor que entesouraste — esclareceu o interlocutor — servirá a ti mesmo. Bem-aventurado aquele que ama sem aguardar retribuição! Quando o matrimônio é de almas, a união continua independentemente da distância e do corpo físico; quando os filhos compreendem os pais e os amam, a morte não extingue os laços que os identificam, e quando os amigos estimam as qualidades espirituais, a separação temporária não anula a confiança fraternal. No entanto, se esses fundamentos não preponderavam em suas ligações, todos os títulos do sangue e da convenção representam, de fato, o passado morto, extinguindo-se com a derradeira pá de terra que te cobriram os despojos.

Garcia experimentou o frio terrível de quem pela primeira vez se encontra com a verdade.

— Oh! como desejava esquecer tudo! — exclamou.

— Ainda não mereces, porém, a bênção do olvido construtivo — aduziu o porteiro, afavelmente —, antes, é necessário voltes ao mundo, a fim de apagar certas garatujas de tua pena. Prestaste aos homens muitas informações descabidas e torna-se indispensável substituí-las por esclarecimentos legítimos. De quando em quando, voltarás aqui, refazendo as forças; todavia, somente depois de completares a obra penetrarás o templo sublime, onde os redimidos esquecem todo o mal.

Garcia agradeceu e recolheu-se ao repouso.

Volvido algum tempo, apresentou-se em forma ao orientador e solicitou o programa de serviço.

— Regressarás em espírito ao campo antigo — explicou o benfeitor — e ensinarás o bem e a verdade, lutando contra o terror da morte e glorificando a alegria da vida. Mas ouve: abstém-te de todas as preocupações pessoais, inclusive do nome que te serviu entre as criaturas. Lembra-te de que o santuário te fará conhecer mais tarde o nome que te guarda o Senhor, no livro da vida eterna.

Garcia, contudo, que tanto se envaidecia, noutro tempo, ante as próprias páginas, perguntou, desconcertado:

— Como me identificarei entre os homens?

O porteiro fez um gesto expressivo e informou:

— Não te preocupes. Para eles, por mais que te esforces, serás sempre "alma do outro mundo" ou "Espírito desencarnado".

O antigo escrevinhador voltou à Terra, mas não se conformou. Queria fazer-se visto, ouvido, conhecido, identificado, e usou o seu nome, largamente, como o industrial que usa a marca de sua fábrica.

Dentro em pouco, porém, era tamanha a perturbação em torno de sua memória, que o pobre amigo se quedou, confundido e desanimado, em profundo silêncio.

O trabalho, contudo, esperava-lhe a boa vontade e Garcia regressou à oficina bendita do esclarecimento e da fé, de alma novamente voltada para a Misericórdia Divina.

Entretanto, ao fazer-se sentir entre os velhos companheiros de luta, se alguém indagava de sua identidade, respondia invariavelmente:

— Não, meus amigos, eu não sou Garcia Maciel. Eu sou "alma do outro mundo", "Espírito desencarnado"...

30

Intercâmbio

Cada criatura tem as companhias espirituais que lhe influenciam a vida.

Afirmavam os antigos: "dize-me com quem andas e dir-te-ei quem és". Atualmente, com os novos conhecimentos que felicitam os homens, poderíamos dizer: "dize-me o que fazes e dir-te-ei com quem andas".

Há companheiros invisíveis de todas as expressões.

Presentemente, em face das realizações espiritistas, somente os médiuns confessos são considerados pessoas de convívio com a espiritualidade. Entretanto, a verdade é que ninguém foge à regra. No lar, no trabalho, dentro das luzes do dia e das sombras da noite, atuam os mortos sobre os vivos, como os vivos atuam sobre os mortos.

Onde, porém, mais se patenteia a técnica da inspiração é justamente no círculo dos que escrevem. Por isso mesmo, é mais que desarrazoada a crítica desfavorável de escritores e jornalistas, diante dos fenômenos das manifestações *post-mortem*. A estranheza dos beletristas, que se julgam senhores absolutos da arte de expressão, é sintoma de presunção ou burrice. Desde a Grécia, temos no mundo a história das nove filhas invisíveis de Júpiter, que presidiam às artes liberais, orientando-lhes as realizações. E homem algum que se consagre ao altar do pensamento desconhece a imperiosa necessidade de absorver as inspirações que o cercam.

A profissão das letras é a que oferece maior oportunidade de observação nesse sentido. A elaboração das idéias para os milagres do verbo fecundo não dispensa as criações espontâneas, em que os semeadores da beleza imortal lançam o sopro dos sentimentos divinos. Toda alma, no campo da meditação, é um canteiro de possibilidades infinitas à semeadura espiritual.

O próprio Cristo, de quando em quando, retirava-se para a solidão de si mesmo, com o propósito de ouvir o Pai, no Grande Silêncio.

Os discípulos, atormentados pelas perseguições e fustigados pelo suplício, concentravam-se em si mesmos, abstraindo-se do exterior e procurando a palavra do Mestre na esfera silenciosa do coração. Simão Pedro afasta-se do tumulto de Jerusalém, no santuário da prece, e ouve-lhe a voz, utilizando a audição da consciência no êxito do apostolado sublime. Madalena reencontra-o, a fim de reerguer o espírito vacilante. Paulo de Tarso é chamado por Ele, na estrada de Damasco, dedicando-lhe para sempre o coração valoroso. Ananias, o discípulo humilde, recebe-lhe as advertências para o bem.

Mas não necessitamos recorrer exclusivamente à vida dos fiéis seguidores de Jesus. A existência de todas as criaturas permanece repleta de influenciações de natureza invisível.

Alighieri não fez obra de pura imaginação, ao escrever a *Divina Comédia*. Amigos intangíveis na Terra arrebatam-lhe a alma, oferecendo-lhe informações das esferas espirituais imediatas ao mundo sombrio, embora o poeta condicione as visões à sua época, ao seu meio e aos seus estados psíquicos. Tasso sente-se tomado de influências estranhas, ao grafar a *Jerusalém Libertada*. Milton, cego e esquecido pelos contemporâneos que o bajulavam ao tempo de Cromwell, sente raios divinos de inspiração na treva em que os seus olhos mergulham e transmite à esposa e às filhas o seu famoso *Paraíso Perdido*. O nosso Bilac sentia-se tocado de misteriosas forças, na composição dos seus versos mais belos. Cruz e Souza, o poeta negro, fala-nos de portas douradas e sacrários liriais do santuário de seu mundo interior.

Mas nem sempre as companhias invisíveis são as melhores, não obstante a inteligência com que assistem os seus tutelados. Lorde Byron confessava experimentar a mente ocupada por pensamentos grandiosos, que não lhe pertenciam, e afirmava que "era preciso vazar o cérebro ou perder a razão". Todavia, os caminhos em que perseverou não foram os mais desejáveis. Camilo Castelo Branco, depois de aproveitar os favores dos amigos desencarnados que o seguiam, cooperando em suas criações mentais e desenvolvendo-as, fornecendo-lhe imagens e sugestões para os seus livros, cheios de lances dramáticos, suicida-se, revoltado ante a cegueira e a velhice. Albino Forjaz de Sampaio, literato de talento brilhante, concorda em atender ao gênio diabólico que lhe inspirou as *Palavras Cínicas*, livro demolidor do caráter e inimigo da juventude. Antero de Quental, após escrever poemas de inspiração verdadeiramente sublime, deixa-se empolgar pelos alvitres odiosos daqueles que lhe sopram a idéia da morte voluntária, compelindo-o a lesar a confiança divina.

Não há pensamento sem origens, como não há rios sem fontes.

Os dois mundos, o dos mortos e o dos vivos, interpenetram-se a todos os instantes. Os Espíritos encarnados influenciam-nos as esferas de ação, toda a vez que escapam momentânea e imperfeitamente do corpo, enquanto os desencarnados atuam sobre eles, toda a vez em que os seus pensamentos se voltam para pessoas, situações e coisas da vida carnal.

É impossível evitar o convívio ou o conflito entre as inteligências individuais nos dois planos. E esse intercâmbio anuncia-se cada vez mais intenso, apenas se verificando muita discrição e vigilância, por parte dos desencarnados esclarecidos, que precisam manter grande cuidado na identificação de si mesmos, perante os seus inquietos e precipitados amigos do mundo, os quais, no campo de ignorância em que ainda se mantêm, cercados de estranha defensiva, promovem a simples fantasmas os irmãos que mudaram de casa, em razão das exigências da morte.

31

Com franqueza de irmão

Pergunta você como iniciar um trabalho eficiente no Rio, em favor da confortadora Doutrina que os Espíritos consoladores semeiam na Terra.

Francamente, sua pergunta denuncia muita despreocupação do grandioso movimento que os espiritistas sinceros desenvolvem nos mais diversos ângulos do Brasil, mormente na capital da República.[1]

Esclarece que deseja fazer uma obra de conformidade com os seus programas de ação, dando expansão aos seus propósitos e desejos, fundamentando-se nos princípios que você julga excelentes. Depois da morte, porém, meu amigo, quando, de fato, nos desvenci-

[1] Esta mensagem antecedeu, de muito, a fundação de Brasília, pois o autor espiritual a ditou em 1945. — **Nota da Editora.**

lhamos das ilusões maiores, é muito difícil acreditar nos possessivos singulares. Fala-me você de "seus pontos de vista", mas acreditará, porventura, que todos estejam pensando de conformidade com você? Desejará matricular-se na escola de esgrimistas ou propõe-se ao serviço da fraternidade universal?

As lutas mais detestáveis da Terra são as que se efetuam em nome da religião. Os judeus que tramaram a crucificação de Jesus agiram na qualidade de fanáticos infelizes, mas os guerreiros das Cruzadas, que já conheciam a plataforma do Cristianismo, baseada em amor a Deus e ao próximo, foram conquistadores cruéis, a massacrarem multidões, disputando alguns palmos de solo em nome daquele que não possuía uma pedra onde repousar a cabeça.

Refiro-me a isso, considerando os termos de sua solicitação. Você pretende manejar o dardo, a fim de corrigir e compelir, golpear e vergastar. Assegura que organizará um empreendimento de vastas proporções, que fale bem alto de suas intenções regeneradoras, no capítulo da doutrinação. Entretanto, meu amigo, a verdadeira obra de Jesus não é essa.

Já pensou em auxiliar, antes de criticar? Analisou pessoas e situações com espírito fraternal? Refere-se muitas vezes ao Cristo em suas palavras, mas meditou bastante no Cristo? Não se declare sem programas de trabalho, não diga que lhe faltam diretrizes. Como discípulo fervoroso da verdade, que afirma ser, terá esquecido os ensinamentos do Mestre?

"Amai-vos uns aos outros, como eu vos amei!"

"Quem quiser ser o maior no Reino dos Céus, seja servo de todos!"

"Brilhe a vossa luz diante dos homens!"

Não estarão contidos somente nessas três enunciações vastíssimos projetos de realização espiritual? Medite, pois, antes de assumir as graves responsabilidades em que pretende envolver-se.

O Rio de Janeiro possui beneméritas organizações doutrinárias aguardando cooperadores dedicados e eficientes. Como vê, o problema não é o de criar novos arcabouços de associação, mas o de executar com fidelidade o planejamento levado a efeito. A inteligência já fez o debuxo precioso; agora, é imprescindível que o coração realize a sua obra.

No íntimo, talvez estranhe o que afirmo. Não fui aí no mundo um companheiro de lutas, no grande serviço que o Espiritismo cristão desenvolve no Brasil; todavia, cerrada a visão obscura do corpo, não me ausentei da cultura espiritualista, nem da realização espiritual necessária. E se você pede sugestões aos desencarnados, deve relevar as respostas cabíveis.

O que tenho aprendido, acima de tudo, depois da morte, é que, nas esferas imediatas à existência humana, as entidades desencarnadas são, quase sempre, tão bem-intencionadas e tão imperfeitas como os homens. A evolução é obra paciente dos séculos e alguns dias de experiência, quais os que se verificam na carne, desde o berço risonho ao sepulcro sombrio, não bastam à iluminação efetiva da alma. Vocês vivem rodeados de pessoas desencarnadas, cheias de desejos inferiores, não obstante oriundos das boas intenções, votadas às disputas de toda espécie. Abra uma casa destinada a exclusivo movimento verbalístico de doutrinação combativa e não faltará o concurso das inteligências invisíveis discutidoras, viciadas nas polêmicas sem-fim, como o supercivilizado que se habituou ao uso do ópio ou como o caboclo ignorante que se acostumou à cachaça.

Se você deseja, de fato, servir na obra do Cristo, vá cooperar com os irmãos valorosos que bracejam no grande mar das fundações já feitas, auxiliando-os com espírito de amor. Não compareça diante deles com a fumaça dos críticos. Em todos os lugares você encontraria um convite para exercer esse terrível ofício. Aproxime-se com a sincera disposição de servir cristãmente. Ame os companheiros e ajude-os. Não perca tempo em disputas vãs. Cuide de realizar a vontade do Senhor, dentro de si mesmo. Como último recurso, use a tribuna em seu ministério, mas, antes de fazê-lo, distribua o valor dos bens imperecíveis da alma.

Não muito longe do seu lar, existem leprosos e loucos, tuberculosos e velhinhos sedentos de afeto, crianças e jovens desamparados. Não atente para a maneira através da qual aceitam as interpretações religiosas. Preocupe-se com as possibilidades de edificação, simplesmente. A prática do bem ainda é a maior escola de aperfeiçoamento individual, porque conjuga em seus cursos a experiência e a virtude, o raciocínio e o sentimento.

Não repita que lhe faltam roteiros. Cale os pruridos do cérebro, a fim de ouvir o coração.

Lembre-se de Jesus e colabore com os amigos. Acreditamos que o Espiritismo precisa agora, mais que nunca, dos que edifiquem nas próprias vidas o Reino Cristão que ensinam aos outros...

É provável que você não aceite o meu alvitre e funde uma nova organização separatista, consagrada às divergências religiosas. É natural. Você é humano, como ainda sou, mas consola-me a certeza de que, um dia, você chegará também às mesmas verdades a que eu cheguei.

32

Buscando a verdade

Muito estranha a reclamação dos companheiros da Terra, no capítulo da verdade. Invariavelmente, rogam que lhe digamos a realidade pura. Exigem-na como crianças teimosas, apaixonadas por um capricho qualquer. Entretanto, como se fosse bagatela o que pedem, solicitam manifestações quase burlescas, reduzindo-nos à categoria de simples profissionais da prestidigitação.

Determinado cavalheiro esconde o lenço na última gaveta da cômoda de pinho e aguarda-nos o pronunciamento. Devemos declarar a natureza do objeto, a qualidade do material com que foi fabricado, o móvel a que foi conduzido, com todas as especificações. Se conseguimos a façanha, acreditará na sobrevivência. Certa senhora, por exemplo, reclama demonstração diferente.

Perdeu uma jóia de preço e estimação, portas adentro do próprio lar. Lançou ligeiras olhadelas nos ângulos residenciais e assegura que procurou minuciosamente em todos os escaninhos da casa. Depois de suspeitar com leviandade, solicita aos irmãos invisíveis seja dito o nome da pessoa que lhe subtraiu a relíquia e, quando o amigo espiritual se demora nos esclarecimentos, em obediência ao código de boas maneiras, justificando a sua abstenção em face do escabroso assunto, a consulente interroga, intentando auxiliar:

— Não foi o Antônio, filho da vizinha da frente?

Às vezes, a entidade espiritual retarda-se nas explicações delicadas, mas a criatura insiste, inquirindo, de novo:

— Não teria sido a visita que esteve conosco na tarde de quinta-feira?

Imagine-se, porém, a surpresa do Espírito benevolente e sábio, ante as inesperadas interrogações. Venceria tão grandes obstáculos vibratórios, desceria de zona tão elevada, a fim de brincar de cabra-cega ou descobrir objetos perdidos de damas preguiçosas ou malevolentes?

Acreditam outros que, pelo fato de havermos abandonado o envoltório físico, sabemos tudo o que se relaciona com a vida e com a morte. Planejam experiências engraçadas, nas quais o mensageiro invisível deve ler o trecho tal a folhas tantas, num livro oculto entre centenas de volumes outros, alusivos a variados assuntos. Se o companheiro desencarnado consegue satisfazê-los, admitem a visita da verdade que, para eles, se reduz a punhado de demonstrações pequeninas.

Logicamente, tudo isso é possível. Encontrar objetos ao abandono e realizar experiências telepáticas constituem ocupações agradáveis a muitas entidades que cercam a inteligência humana, como causam enorme prazer aos jovens de recados certas intimidades domésticas que o visitante educado consideraria grosseiras e ridículas indiscrições.

Objetar-se-á, talvez, que existem nos dois planos pessoas que se consagram a esse gênero de investigações, com objetivo científico. A moderna psicometria, por exemplo, exige certas demonstrações, que auxiliam os menos convictos; mas, nesse setor, quase sempre, a realização é levada a efeito pelo próprio sensitivo, que se ausenta provisoriamente do corpo denso, revelando capacidades transcendentais da alma encarnada.

Os Espíritos benfeitores não podem utilizar semelhantes expressões fenomênicas, a pretexto de executarem o serviço edificante e eterno da verdade.

— A título de ser verdadeiro, não posso interferir na descoberta do anel de madama — explicava-me um companheiro que fora convidado a trabalho dessa natureza —, porque, se eu conseguir encontrá-lo, amanhã incumbir-me-á de localizar-lhe a bolsa esquecida na sala da costureira, na semana próxima encarregar-me-á de procurar-lhe a empregada que fugiu com o padeiro e, no mês vindouro, irá com a mente inquieta, onde eu estiver em ocupações inadiáveis e sagradas, para que eu lhe busque o esposo, perdido na embriaguez, em noites de prazeres mais longos. E se eu não descobrir a bolsa, não encontrar a criada e não restituir o marido ao lar, como fiz no caso do anel, cobrir-me-á talvez de acusações descabidas, não hesitará em ofender a honorabilidade do médium que nos serviu caridosamente a ambos, e é provável que se converta, por isso, em detratora gratuita da própria doutrina que nos é tão venerável, como fonte de consolação e esperança do mundo. Não podemos baratear as nossas manifestações, sob pena de desrespeitar as funções de nosso próprio ministério.

Outro amigo nosso, bondoso facultativo desencarnado, asseverava-me, há tempos:

— A maioria dos enfermos terrestres roga-nos diagnósticos infalíveis e esclarecimentos exatos, reclamando sejam informados com realidade absoluta, alegando que nós, os Espíritos exonerados da carne, devemos ser rigorosamente verdadeiros. Como demonstrar, porém, a eles, autores de seus próprios desastres, que destruíram o fígado com as irritações inconseqüentes, que envenenaram o estômago nos excessos da mesa, que arruinaram o sangue em aventuras condenáveis, que adquiriram infecções perigosas, através da precipitação ou do relaxamento? Se lhes mostrarmos o quadro de responsabilidades em que se encontram envolvidos, nos processos patológicos, talvez não consigam permanecer no corpo, senão algumas horas, depois de nossas declarações. Todavia, lembrando nosso trânsito na carne, somos obrigados não a mentir, mas a silenciar para o bem deles, aguardando o tempo. Utilizando a serenidade, conseguimos salvar alguns patrimônios e preservar algumas forças que ainda prestam aos nossos amigos do mundo valiosos serviços.

Segundo observamos, pois, a verdade, mesmo para os que já se transferiram para a região invisível da Terra, é sagrada revelação de Deus, no plano de nossos interesses eternos, que ninguém deve menosprezar no campo da vida.

— Que é a verdade? — pergunta Pilatos, presunçosamente, a Jesus.

O Mestre, porém, respondeu-lhe com o sublime silêncio. Que expressão da verdade poderia ser dada aos homens, naquela hora angustiada de Jerusalém, na qual a mentira dominava os judeus e romanos empenhados no processo da cruz? Como encher de mel o vaso transbordante de vinagre?

O conhecimento supremo, como divina revelação, não é um bem transmissível. Todos os filhos de Deus, na Terra ou fora da Terra, estão procurando adquiri-lo. Ninguém, portanto, reclame dos amigos desencarnados demonstrações que lhes solucione esse problema de integração com a Luz divina. A verdade não constitui edificação que se levante por informações alheias, no caminho da vida. É realização eterna que cabe a cada criatura consolidar aos poucos, dentro de si mesma, utilizando a própria consciência.

X

33

Definindo rumos

Afirma você, meu amigo, que desejaria colaborar nos trabalhos do Espiritismo cristão, seduzido pela beleza da Doutrina Consoladora, mas acrescenta que a complexidade do assunto lhe apavora o coração.

— Encontrei — diz você, aterrado — as mais estranhas manifestações, desde o médium que se enquadrou no Evangelho, qual sacerdote, ao profeta grosseiro, que maneja o punhal em ritos misteriosos, cabriolando no chão, como o velho capoeira carioca. Há grupos que se dizem orientados por Espíritos de filósofos e outros que se afirmam dirigidos pelo caboclo Manassés ou por Pai Mateus, antigo escravo de recuada província do Brasil imperial. Em certas casas, ensina-se a cultivar a prece improvisada, com os valores espontâneos do coração; em outras, preconiza-se a repetição de determinado número de "padre-nossos". Em alguns lugares, a doutrinação é serena, como a palestra em residência de criaturas educadas no código de boas maneiras; em outros, porém, verificam-se balbúrdias e gritarias. Não admite a minha perplexidade? Não terei razões para o afastamento?

E você, de fato, retirou-se e permanece à margem.

Respondendo, todavia, com lealdade, à sua pergunta, asseguro que lhe falta razão. Como acontece a muita gente, você notou a extensão do trabalho e preferiu a poltrona cômoda de sua casa. Estima excessivamente o "seu mundo" para atirar-se ao concurso educativo. Em verdade, sua mente não mais alberga qualquer dúvida, referentemente à vida eterna. A sobrevivência do homem, após a morte do corpo físico, é para você problema liquidado. E quando se encontra no café da avenida, junto de amigos gastadores de tempo, ou nos salões elegantes, ao lado de senhoras chiques, você timbra em contar, com graças, suas experiências no campo vasto e acolhedor do Espiritismo fenomênico. De quando a quando, quebra a ponta do cigarro, no cinzeiro de adorno, e prossegue no anedotário brilhante. Conta as ocorrências, em fraseologia de efeito, e enquanto cavalheiros e damas inteligentes se referem a René Sudre e Charles Richet, você conclui asseverando que, de fato, lhe foi impossível continuar o exame do assunto, em virtude das contradições e exotismos existentes. É digna de nota a circunstância de jamais aludir ao ponto de partida de suas indagações. Esqueceu-se de que procurou a convivência dos companheiros humildes do grupo espiritista cristão, assediado por terríveis angústias, diante dos sofrimentos indizíveis da alma sem fé. Recebeu novo material de pensamento para o cérebro vazio e ganhou esperanças para o coração desalentado, mas, em seguida ao reconforto, você olvidou os benfeitores da véspera e multiplica referências acrimoniosas e irônicas. Pudéssemos, porém, pedir-lhe alguma coisa e não nos lembraríamos da flor da gratidão, raríssima no solo arenoso do planeta. Recordaríamos tão-somente, perante o seu raciocínio de homem culto, a necessidade de compreensão e conhecimento.

Relaciona, você, complexidades e obstáculos, dificuldades e divergências, mas estará procurando, porventura, a "doutrina do prato feito"? Onde se encontra a Ciência que haja nascido completa das mãos dos iniciadores? O Espiritismo, como oficina de sabedoria e amor, aperfeiçoamento e iluminação, é instituto mundial de trabalho incessante, onde não há palanque para espectadores ociosos.

Refere-se aos "indianismos" e "africanismos" de inúmeras manifestações da fenomenologia, mas já pensou maduramente na expressão moral desses acontecimentos? Tem lido o histórico de nossa evolução coletiva?

Quem recebeu, na terra farta de Santa Cruz, os europeus esgotados por lutas sangrentas, abrindo-lhes caminhos novos à realização espiritual, transformando-se em escravo sofredor dos conquistadores inteligentes? Não foi, acaso, o índio? Você, que condenou o ataque italiano à Abissínia, no século XX, reconhecendo que os filhos de Adis-Abeba são igualmente filhos de Deus, como os romanos ilustres, também admitirá que Deus não existia no século XVI e que os povos simples da América não eram dignos do amparo celestial? Desconhece o que fez Pizarro, o tirano espanhol, diante dos americanos ingênuos que nele confiaram? E os africanos? Quem os arrebatou da terra natal, arrebanhando-os como a animais, a fim de aproveitar-lhes o braço forte nas construções do Mundo Novo? Quem os assassinou, devagarinho, em navios infectos e vendeu os que resistiram à morte aos cruéis senhores do feudalismo rural? E é justamente você, meu amigo, leitor assíduo da História, quem admira, com falsa ingenuidade, as manifestações dos nossos irmãos, ainda encarcerados no rudimentarismo da forma? Entretanto, Pai Mateus e Mãe Ambrósia, a que se refere com tanto sarcasmo, foram pajens carinhosos de seus bisavós, furtaram o leite dos próprios filhinhos para que os seus antepassados vivessem, e choraram, na senzala, em segredo, quando os seus recuados parentes lhes prostituíram as filhas, vendendo-as, logo após, com frieza e ferocidade, aos tiranos do cativeiro.

Não considera você que todos nós, espíritos de inteligência requintada, mas de sentimento galvanizado no mal, somos devedores antigos dessas almas virtuosas e nobres, embora muitas vezes cristalizadas em velhos hábitos que lhes retardam o progresso intelectual? Quem estará mais errado, perante Deus? Elas, que atrasaram o cérebro, ou nós, que endurecemos o coração?

A morte não é um banho miraculoso de sabedoria, repetiremos ainda e sempre. Somos tais quais fomos, tendendo para o melhor, porque a evolução não dá saltos, como o trapezista suspenso no ar por um fio de arame.

O Espiritismo é tão complexo como qualquer serviço de educação. E se encontramos numerosas entidades de africanos e indígenas, em nosso ministério espiritual, é que o Senhor nos chama ao pagamento do enorme débito para com aqueles que nos serviram a todos, nestes últimos quatro séculos, na terra abençoada e farta do Brasil.

Como vê, a Nova Doutrina consoladora pede colaboradores de consciência bem formada e não críticos de raciocínio brilhante.

Se você deseja trabalhar, com sinceridade, procure o seu lugar na oficina do serviço educativo e ajude na obra coletiva do bem, convicto de que Jesus inspira a todos os cooperadores de boa vontade. Mas, se você não quiser, faça o possível por se calar, sente-se na sua poltrona e espere o futuro.

34

Em aditamento

Surpreendeu-se você com a minha resposta despretensiosa e sincera sobre as complexidades do Espiritismo, diante das manifestações das inteligências menos desenvolvidas, nos serviços fenomênicos, e pergunta-me, inquieto:

— Mas você aprova o uso da cachaça e do fumo por entidades desencarnadas? Elogia o linguajar dos manifestantes a que me referi? Não considera essa tolerância um perigo para o sistema doutrinário?

Parece, contudo, meu amigo, que você não penetrou a essência de minhas palavras. Não posso aprovar o uso de drogas aviltantes nem pelos desencarnados, nem por você que não desdenha venenosos anestésicos, adquiridos como material elegante. Não posso elogiar o erro deliberado, como ninguém pode, em sã consciência, louvar os desequilíbrios voluntários. Quanto à sua terceira interrogação, consideramos que o sistema doutrinário nada tem que ver com as manifestações do indivíduo. O Estado, representando o conjunto das leis que regem um país, será responsável pelos fenômenos infantis, dentro dos quais o patriota do futuro não sabe senão balbuciar alguns rudimentos da língua? Condenará, porventura, a criança que não lhe pode soletrar os códigos, ou providenciará serviços eficientes de educação?

Desde 1583, época em que, segundo Rio Branco, foi firmado o primeiro contrato para a introdução de escravos africanos no Brasil, cercamo-nos deles, valendo-nos de sua cooperação heróica. Pensávamos, antigamente, que bastaria a morte do traficante ou do comprador para que o problema fosse liquidado com a remessa das almas para o Céu ou para o inferno. Entretanto, meu amigo, não é assim. Adquirimos débitos individuais e coletivos.

A contar de 1758, quando o corajoso sacerdote Manuel Ribeiro da Rocha ousou escrever contra a vergonha da escravidão, autorizadas vozes se levantaram, sob a luz do Cruzeiro, contra o doloroso comércio de homens livres. Em 1789, a abolição já constituía um dos itens do programa político da Conjuração Mineira. Em 1810, o príncipe D. João fez o possível por golpear o ignóbil movimento, sensibilizado com as injustiças que presenciava diariamente no Rio, efetuando providências para a extinção gradual do cativeiro, que culminaram com a ratificação do tratado concluído em Viena, entre Portugal e Inglaterra, pelo qual a nação portuguesa se propunha a cessar todo o tráfico na costa africana. Mais tarde, D. Pedro I, na Convenção de Novembro de 1826, assinava novo acordo com a Grã-Bretanha, pelo qual o governo do Brasil se comprometia a proibir toda espécie de comércio de escravos na costa da África. Entretanto, não abandonamos o movimento odioso, e conta-se que muitos navios ingleses, depois da Convenção, postavam-se nas vizinhanças de Angola e Moçambique, expulsando as nossas embarcações negreiras.

Não valeram exortações de estadistas e pensadores do Brasil ou do estrangeiro. Enviava-nos o Cristo a sua Divina Inspiração, através dos caracteres mais nobres do governo, mas continuávamos no movimento criminoso, atendendo a caprichos cruéis. Não nos contentávamos em gastar o nosso ouro na aventura sinistra. Hoje sei que muitos franceses ilustres, inclusive alguns dos precursores intelectuais dos chamados "direitos do homem", emprestavam capitais, com excelente expressão lucrativa, aos negociantes de vidas humanas, alimentando o condenável comércio.

Acredita que a nossa teimosia pudesse ficar impune?

Nossa atitude coletiva envolve um débito moral de vasta expressão.

Objetará, talvez, que não fomos o único país a escravizar os filhos de outras terras e responderemos que não somos o único país a pagar tributos dessa natureza. Desde muito antes do Império Romano, que perdeu a hegemonia política em virtude do instinto de dominação, todas as nações da Terra saldam os compromissos morais, de acordo com os débitos contraídos.

Pergunta-me, ainda, você, como interpretar as entidades reconhecidamente perversas, que comparecem, por vezes, no círculo de manifestações dos antigos escravos desencarnados em solo brasileiro. De acordo com a lógica, acreditamos que são criaturas tão detestáveis e infelizes como as entidades dos brancos reconhecidamente pervertidos, que se transformam, por vezes, em monstruosos demônios, perseguindo e obsidiando inteligências frágeis e mentes vacilantes.

Ultimando as indagações, você exclama e interroga:

— Oh! compreendo a responsabilidade, mas como extinguir o mal?

Sim, as nossas responsabilidades morais, nesse setor da evolução coletiva, são bem graves e não podemos desdenhá-las.

Voltando às primeiras afirmativas destas humildes considerações suplementares, tomamos a liberdade de personificar o "Estado" no sistema doutrinário do Espiritismo cristão, classificando as manifestações diversas do Espiritismo fenomênico como "zonas educativas".

Supõe você que a Abolição terminou em 13 de maio de 1888? A grande resolução da Princesa admirável atingiu os "escravos físicos", continuando-se aqui o serviço de libertação dos "cativos espirituais". José do Patrocínio e Luís Gama, Antônio Bento e Castro Alves, André Rebouças e Joaquim Nabuco prosseguem na jornada redentora. A princesa Isabel não considera o movimento terminado e continua, também, servindo à grande causa, desatando os grilhões da ignorância e acendendo novas luzes na esfera a que você chegará em futuro próximo.

Observo que em sua pergunta derradeira você mostra o desejo de receber um roteiro de serviço. A propósito, comunico-lhe que levei suas considerações e indagações ao conhecimento de um dos Espíritos mais belos que militaram na campanha abolicionista do Brasil, e essa criatura generosa deu-me a resposta sábia, que transmito a você, sem omitir uma só palavra:

— Diga aos nossos companheiros do Espiritismo cristão no Brasil que eles receberam de Jesus um sagrado depósito, qual o de associar o Evangelho da Redenção às conquistas científicas, filosóficas e religiosas da Humanidade. Insista para que aproveitem a gloriosa oportunidade em obras de amor. Que eles nos ajudem no benemérito serviço de educação e libertação daqueles a quem tanto devemos! Mas ouça! Avise-os para não se aproximarem dos nossos benfeitores humildes como catedráticos orgulhosos e envaidecidos, e sim como irmãos verdadeiramente interessados no bem. E, sobretudo, diga-lhes que também nós estamos empenhados na mesma luta pela iluminação espiritual, mas que, ao ensinarmos a Pai Mateus e Mãe Ambrósia as lições acerca das leis de Kepler, dos movimentos de Brown e das ondas de Marconi, aprendemos com eles, por nossa vez, as lições de humildade, devotamento e renúncia, nas quais já se diplomaram, desde muito, negando a si mesmos, tomando a sua cruz e seguindo a nosso Senhor Jesus Cristo.

35

Retirou-se, Ele só

Quando Jesus se fazia acompanhar pela multidão, na manhã rutilante, refletia, amorosamente, consigo mesmo:

— Ensinara as lições básicas do Reino de Deus aos filhos da Galiléia, que o seguiam naquele instante divino... Todos permaneciam agora cientes do amor que devia espraiar-se sobre as noções da lei antiga! Que não poderia Ele fazer daqueles homens e mulheres bem informados? Poderia, enfim, alongar-se em maiores considerações, relativas ao caminho de retorno da criatura aos braços do Pai. Dilataria os esclarecimentos do amor universal, conduziria a alma do povo para o grande entendimento. Decifraria para os filhos dos homens os enigmas dolorosos que constrangem o coração. Para isso, porém, era indispensável que compreendessem e amassem com o espírito... Quantas pequenas lutas em vão? Quantos atritos desnecessários? A multidão, por vezes, assumia atitudes estranhas e contraditórias. Diante dos prepostos de Tibério, que a visitavam, aplaudia delirantemente; todavia, quando se afastavam os emissários de César, manchava os lábios com palavras torpes e gastava tempo na semeadura de ódios e divergências sem-fim... Se aparecia algum enviado do Sinédrio, nas cidades que marginavam o lago, louvava o povo a lei antiga e abraçava o mensageiro das autoridades de Jerusalém. Bastava, entretanto, que o visitante voltasse as costas para que a opinião geral ferisse a honorabilidade dos sacerdotes, perdendo-se nos desregramentos verbais de toda espécie... Oh! sim — pensava —, todo o problema do mundo era a necessidade de amor e realização fraternal!

Sorveu o ar puro e contemplou as árvores frondosas, onde as aves do céu situavam seus ninhos. Algo distante, o lago era um espelho imenso e cristalino, refletindo a luz solar. Barcas rudes transportavam pescadores felizes, embriagados de alegria, na manhã clara e suave. E, em derredor das águas deslumbrantemente iluminadas, erguiam-se vozes de mulheres e crianças, que cantavam nas chácaras embalsamadas de inebriante perfume da Natureza. Agradecia ao Pai aquelas bênçãos maravilhosas de luz e vida, e continuava meditando:

— Por que tamanha cegueira espiritual nos seres humanos? Não viam, porventura, a condição paradisíaca do mundo? Por que se furtavam ao concerto de graças da manhã? Como não se uniam todos ao hino da paz e da gratidão que se evolava de todas as coisas? Ah! toda aquela multidão que o seguia precisava de amor, a fim de que a vida se lhe tornasse mais bela. Ensiná-la-ia a conferir a cada situação o justo valor. Quem era César senão um trabalhador da Providência, sujeito às vicissitudes terrestres, como outro homem qualquer? Não mereceria compreensão fraternal o imperador dos romanos, responsável por milhões de criaturas? Algemado às obrigações sociais e políticas, atento ao superficialismo das coisas, não era razoável que errasse muito, merecendo, por isso mesmo, mais compaixão? E os chefes do Sinédrio? Não estavam sufocados pelas orgulhosas tradições da raça? Poderiam, acaso, raciocinar sensatamente, se permaneciam fascinados pelo autoritarismo do mundo? Oh! — refletia o Mestre — como seria infeliz o dominador romano, a julgar-se efetivamente rei para sempre, distraído da lição dura da morte! Como seria desventurado o sumo-sacerdote, que supunha poder substituir o próprio Deus!... Sim, Jesus ensinaria aos seus seguidores a sublime sabedoria do entendimento fraternal!

Tomado de confiante expectativa, voltou-se o Messias para o povo, dando a entender que esperava as manifestações verbais dos amigos, e a multidão aproximou-se dele, mais intensamente.

Alguns apóstolos caminhavam à frente dos populares, em animada conversação.

— Rabi — exclamou o patriarca Matan, morador em Cafarnaum —, estamos cansados de suportar injustiças. É tempo de tomarmos o governo, a liberdade e a autonomia. Os romanos são pecadores devassos, em trânsito para o monturo. Estamos fartos! É preciso tomar o poder!

Jesus escutou em silêncio, e, antes que pudesse dizer alguma coisa, Raquel, esposa de Jeconias, reclamou asperamente:

— Rabi, não podemos tolerar os administradores sem consciência. Meu marido e meus filhos são miseravelmente remunerados nos serviços de cada dia. Muitas vezes, não temos o necessário para viver como os outros vivem. Os filhos de Ana, nossa vizinha, adulam os funcionários romanos e, por esse motivo, andam confortados e bem-dispostos!...

— À revolução! à revolução! — clamava Esdras, um judeu de quarenta anos presumíveis, que se acercou, desrespeitosamente, como adepto apaixonado, concitando o líder prudente a manifestar-se.

— Rabi — suplicava um ancião de barbas encanecidas —, conheço os prepostos de César e os infames servidores do Tetrarca. Se não modificarmos a direção do governo, passaremos fome e privações...

Escutava o Senhor, profundamente condoído. Verificava, com infinita amargura, que ninguém desejava o Reino de Deus de que se constituíra portador.

Durante longas horas, os membros da multidão recriminaram o imperador romano, atacaram patrícios ilustres que nunca haviam visto de perto, condenaram os sacerdotes do Templo, caluniaram autoridades ausentes, feriram reputações, invadiram assuntos que não lhes pertenciam, acusaram companheiros e criticaram acerbamente as condições da vida e os elementos atmosféricos...

Por fim, quando muito tempo se havia escoado, alguns discípulos vieram anunciar-lhe a fome que castigava homens, mulheres e crianças. André e Filipe comentaram calorosamente a situação. Jesus fitou-os de modo significativo, e respondeu, melancólico:

— Pudera! Há muitas horas não fazem outra coisa senão murmurar inutilmente!

Em seguida, espraiou o olhar através das centenas de pessoas que o acompanhavam, e falou comovidamente:

— Tenho para todos o Pão do Céu, mas estão excessivamente preocupados com o estômago para compreender-me.

E, tomado de profunda piedade, ante a multidão ignorante, valeu-se dos pequenos pães de que dispunha, abençoou-os e multiplicou-os, saciando a fome dos populares aflitos.

Enquanto os discípulos recolhiam o sobejo abundante, muitos galileus batiam com a mão direita no ventre e afirmavam:

— Agora, sim! Estamos satisfeitos!

Contemplou-os o Mestre, em silêncio, com angustiada tristeza, e, depois de alguns minutos, entregou o povo aos discípulos e, segundo a narração evangélica, "tornou a retirar-se, Ele só, para o monte".

36

Na luta contra a morte

Anos a fio gastou Pasteur na preparação da vacina contra a raiva. O grande sábio observava camponeses e citadinos vitimados pela hidrofobia e, aliando à perseverança o trabalho, venceu o flagelo, convertendo-se em benfeitor da Humanidade. Edison lutou contra a velha iluminação a gás, a fim de expulsar efetivamente as sombras noturnas. Suou, esforçou-se, sofreu decepções e desenganos; muita vez conheceu a iminência do soçobro de seus ideais. Contudo, terminou a batalha, conquistando a lâmpada incandescente, que transformou as cidades terrestres em paraísos de luz.

A história das grandes missões de benemerência no mundo está repleta de sofrimentos e desilusões. Não raro, torturam-se os missionários, quando não se pode consumi-los pelo fogo. Onde, porém, a conquista evolutiva se torna mais difícil e dolorosa é justamente no setor da renovação íntima, espiritual. A vaidade humana fez da religião um terreno proibido, onde toda expressão progressista se efetua ao preço de dobradas angústias. A Ciência e a Filosofia, sem dúvida, possuem os seus mártires. No entanto, em suas escolas há sempre lugar para os trabalhos de aperfeiçoamento e renovação. Seus benfeitores, na maioria das vezes, são objeto de críticas acerbas que não passam, quase sempre, de ironias verbais ou do ostracismo na classe a que pertencem, mas, no campo religioso, os movimentos de perseguição caracterizam-se por condenável insânia.

Não fosse o aprimoramento judiciário do mundo, não tivéssemos a Sociologia inspirando tribunais e juízes, na vanguarda do direito, e talvez prosseguisse a matança religiosa, decorrente dos processos inquisitoriais. Basta que o estudante da verdade aviste pequenino detalhe do mapa da vida eterna para que milhares de sacerdotes e autoridades supostas infalíveis se convertam nos instrumentos de maldição.

É preciso muita coragem moral para não sucumbir aos golpes da guerra sistemática, movida na sombra.

Para não nos referirmos, fastidiosamente, aos mártires inúmeros da fé, que tombaram nas perseguições de todas as épocas, recordemo-nos tão-só de Giordano Bruno. O eminente filósofo italiano, que convivera com o pensamento de Pitágoras e Plotino, desde a meninice, assombrando os clérigos do convento de dominicanos, a que se recolhera na preparação do seu ministério de renovação religiosa, desprezou as resoluções dos concílios, cristalizadas em dogmas aviltantes, para ensinar o caminho da nova era. Através de salões e universidades, tribunas e praças públicas, afirma Bruno que o Universo é ilimitado, que a Terra não é o centro da vida, mas humilde dependência no concerto glorioso dos mundos que rolam, inumeráveis, no plano universal. Esclarece que o Sol não é um corpo errante, entre as nuvens, com a simples função de aclarar a superfície planetária, e sim a gigantesca sede de globos diversos que lhe recebem o poderoso influxo renovador. Explica que a vida é infinita e se encarna, através de infinitas formas, em todos os lugares. Exalta a grandeza da existência posta ao serviço do bem e da verdade, glorificando, em tudo, a universalidade divina. Mas os sacerdotes da convenção estabelecida não toleram o herói e, no dia 17 de fevereiro de 1600, seu corpo foi reduzido a cinzas, em Roma, numa fogueira acesa pelo sectarismo intransigente. Assegura um de seus historiadores que as chamas que lhe destruíram o corpo foram os primeiros sinais da aurora dos tempos modernos.

Não nos referimos, porém, a isso, como quem pretende encetar novos movimentos de discussão. Para dificultar o acesso das almas à Fonte da Revelação Divina, bastam as polêmicas insidiosas dos homens, despreocupados da responsabilidade que assumem pelo que dizem.

Apenas reafirmamos, do plano espiritual, a nossa plataforma de serviço, na luta contra a morte.

Nos mais remotos recantos do globo surgem raios divinos da luz imortal, dentro da espessa noite da ignorância, destruindo as antigas muralhas de incompreensão que sitiam a inteligência das criaturas. O sacerdócio organizado, porém, não nos tolera as manifestações tendentes a efetuar a renovação religiosa do mundo. E porque não nos pode subtrair agora à liberdade que respiramos noutras dimensões, institui a represália fria e silenciosa contra os nossos companheiros mais corajosos que ainda envergam a túnica de carne nas atividades terrenas. O Santo Ofício desapareceu, mas ficaram a ironia e o ridículo, a animosidade gratuita e a guerra sem declaração.

Apesar de tudo isso, porém, continuaremos em nossa obra de liberação da mente humana.

Nossos adversários do sectarismo religioso recordam o nome do Cristo, amparando-se nele para sustentar as posições políticas e sociais que retêm, a pretexto de manter o prestígio da religião. Suscitam escândalos, reclamam repressões, mobilizam contra nós os órgãos do poder temporal. Como, porém, instituir oposição ao realismo da vida eterna, se a verdade é o terreno legal do Universo? Em nome de Jesus, recorrem à injúria e à condenação, mas se esquecem de que o Mestre, além das lições da manjedoura, do Templo, do Tabor, do Getsêmani e do Gólgota, deixou-nos também o ensinamento do túmulo vazio.

Que eles, os sacerdotes cristalizados nas afirmativas dogmáticas, prossigam em seu ministério de condutores; colherão sempre o bem toda vez que atenderem ao serviço da iluminação coletiva, em obediência aos deveres que lhes competem. Quanto a nós, os desencarnados, continuaremos a campanha do túmulo vazio. Que eles procurem, de fato, honrar a vida, porque nós, desprezando todos os obstáculos, venceremos na gigantesca luta contra a morte!

37

Aos espiritistas

A importância da vulgarização do Espiritismo evangélico destaca-se, sobremodo, em todos os campos da atividade comum.

Não obstante o avanço científico dos tempos modernos, os cemitérios diariamente recebem vastíssimas contribuições e, na retaguarda dos sepulcros, enfileiram-se os lares vazios e os berços abandonados.

Não somente a guerra devasta os jardins familiares. O gládio da morte visita os agrupamentos humanos, há muitos milênios, desde a tribo dominadora, que se sentia senhora da montanha e do rio mais próximos de sua taba. A tuberculose, por exemplo, devora milhares de existências por ano. A lepra e o câncer consomem vidas sem conta. E a velha ceifeira de corpos, exigente renovadora das formas, detendo maravilhoso poder de ubiqüidade, comparece nas cidades populosas e nos vilarejos anônimos e tanto espia os bairros de luxo, como os subúrbios infelizes, de onde a higiene se evadiu, em virtude das reiteradas invasões da miséria.

Refere-se o médico à necessidade do soro e da vitamina que restauram as células cansadas. O sociólogo recomenda medidas que atendam à coletividade. O economista pede o aproveitamento do solo e determina a consulta aos mercados internos e externos. O político reclama garantias à organização partidária. O banqueiro examina o câmbio, atenciosamente. O geógrafo preocupa-se pela exatidão da estatística. O jurista bate-se pela aplicação das normas legais. O comerciante pede caminhos novos e empenha-se pela concorrência livre na oferta e na procura. O industrial requisita máquinas. Todavia, se os homens usam diariamente o cérebro e o coração, as mãos e os pés, no campo da atividade prática, a morte, igualmente, arrebata-os, todos os dias. No quadro das convenções respeitáveis, porém, não há notícia dos que se consagram aos interesses da criatura, nesse particular.

Os especialistas em assuntos da espiritualidade, a rigor, seriam os sacerdotes, mas esses, incorporados às grandes plataformas ritualísticas e econômicas, enviam alguns amigos para o céu da ociosidade e mandam noventa e nove por cento dos defuntos para o inferno dos padecimentos sem-fim. Semelhante disparate, contudo, não resolve o problema da dor. Os hospitais continuam cheios de "enfermos de diagnóstico difícil", portadores de nervos relaxados pelo sofrimento; os templos prosseguem repletos de olhares ansiosos que interrogam com desespero, e ultrapassa a lotação dos manicômios, em vista do acréscimo de doentes mentais que perderam o último raio de esperança.

Todos os dias, mães aflitas e noivas angustiadas procuram os cientistas, indagando sobre os que partiram, a caminho do Mistério; contudo, respondem invariavelmente com o clássico "nada além". Consultados, em referência ao assunto, os filósofos dizem "quem sabe?". E os sacerdotes, chamados a contas, informam que "ninguém voltou".

É natural que o desalento asfixie as almas. Os expositores da Ciência não se recordam da lei de renovação incessante e não atentam sequer para a humilde lagarta, que se converte em borboleta. Os estudiosos da Filosofia estimam a dança macabra das hipóteses, acima do passo firme no conhecimento positivo, alimentando velhas tricas, desde os antecessores de Sócrates, e, muitas vezes, após devorarem todos os livros e terminarem todas as observações possíveis, acabam duvidando se eles próprios existem. Os padres mecanizam as obrigações do culto externo e são estranhos a qualquer investigação transcendente, olvidando que Jesus regressou do túmulo para esclarecer os discípulos e confortá-los. E se eles, que são os técnicos do serviço religioso, esquecem a ressurreição do Mestre, que apreço poderiam dar à volta de pobres diabos, como nós outros, que tornamos da noite da morte, tentando acordar os amigos que não se acautelam ante a grande viagem do Além?

A indiferença, no entanto, jamais solucionou problemas do destino e do ser. E a incompreensão do transe final continua torturando corações sensíveis.

Dizia Conan Doyle, depois de trinta anos, reconhecer que o assunto com que tanto brincara não se resumia apenas ao estudo de uma força misteriosa, mas que envolvia o desabar de muralhas, entre dois mundos, constituindo a mensagem direta do Além para o gênero humano, na época de sua mais viva aflição.

Entretanto, os homens de coragem moral idêntica à do grande escritor inglês são ainda raros. Muito difícil não encontrar alguém que não possua experiência individual na esfera da imortalidade da alma. Todavia, quase todos os chamados a testemunho cedem ao demônio do medo. Não querem perder os louros e considerações do dia que passa.

É por isso que o esforço dos espiritistas sinceros é profundamente respeitável e sagrado. Felizmente para eles, não possuem altares exteriores, nem garantias materiais. Vencendo dificuldades e tropeços, sobranceiros à ironia do materialismo cômodo de nossa época, seguem, desassombrados, como servidores esparsos de uma vanguarda heróica, que a vulgaridade não vê e nem compreende. Chegam de todas as regiões, surgem de todos os campos sociais, atuam nas línguas mais diversas e levantam, devagarinho, o monumento da vida eterna, vencendo o derradeiro inimigo da Humanidade.

....

Sacerdotes da realização positiva, adoradores ativos do Mestre Presente, o futuro dirá de vosso serviço generoso, que hoje se desenvolve na obscuridade e no silêncio! Há um Comandante Invisível que vos orienta na longa estrada a percorrer... É aquele que voltou triunfante da morte, há quase dois mil anos, diante do mundo assombrado em Jerusalém.

Afirma um provérbio turco que existem três coisas de que os homens não conseguem escapar — o olhar de Deus, o grito da consciência e o golpe da morte. Se os vossos sacrifícios não bastarem, se a tempestade das paixões sufocar temporariamente a semeadura sublime de vosso esforço, conservai o otimismo e a esperança, porque esses três poderes ocultos falarão por vós, onde passardes!

38

Questão de provas

Em recente campanha de propaganda do Espiritismo, abriu-se estranha fervura no arraial materialista, que se julgou na obrigação de defender as muralhas da sombra e da morte.

Porque homens dignos e respeitáveis se colocavam ao lado dos humildes, convertendo-se em advogados da razão e da lógica, os pequenos vândalos do ateísmo surgiram a campo, improvisando conceituação apressada, a favor do negativismo renitente.

Na vida das abelhas laboriosas verificam-se acontecimentos semelhantes. De quando em quando, a colméia sofre a ameaça de invasores cruéis que se caracterizam pela inutilidade e pelo vampirismo. Se as sentinelas não funcionam e se não há bastante estoque de cera para isolar os detritos na região do esquecimento, é provável que se perca, irremediavelmente, a colheita do mel. Felizmente, porém, as operárias trabalham afanosamente, tocadas de amor e fidelidade ao dever, e os insetos perturbadores passam como a nuvem de gafanhotos, abandonando a colméia libertada.

As instituições espiritistas dos tempos modernos, à maneira das igrejas apostólicas primitivas, sofrem o assédio da incompreensão sistemática, através das acusações gratuitas de toda sorte. E os espiritualistas de hoje, como sucedia aos seguidores de Jesus, no passado, segundo os que rezam na cartilha do convencionalismo, são responsáveis por todos os males. Todavia, o que mais espantou na referida campanha foi a multiplicidade dos convites estranhos, endereçados por homens inteligentes às almas dos "mortos"!

Porque alguns poetas e escritores desencarnados, de Portugal e do Brasil, se lembraram dos amigos, escrevendo-lhes algumas páginas de gratidão e saudade, alguns vivos da Terra, habituados ao jogo dos raciocínios palavrosos, reagiram fervorosamente, lançando reptos aos Espíritos do "outro mundo", como os cavalheiros medievais, que atrevidamente lançavam a luva em desafio. Os desencarnados, porém, ouviram e sorriram, impassíveis, porque, de fato, não se sentiam na posição de contendores. Não haviam surripiado dinheiro nem desrespeitado as leis vigentes; não escreveram palavras torpes nem roubaram segredos dos grandes magnatas da indústria; não trouxeram invenções destruidoras nem instituíram ódios políticos e raciais. Em suma, não chegaram nem mesmo a pedir aos amigos que acreditassem em suas palavras sinceras e fraternais.

Mas os defensores da negação sistemática se aliaram, de modo surpreendente, aos devotos do "deixa estar como está" dos credos sectaristas, e houve a explosão das cóleras sagradas.

Nem a ira de Júpiter, no Olimpo, entre os deuses, seria tão desvairada, porque Júpiter se enfurecia numa época em que o mundo não ia além da floresta e do mar. Os companheiros materialistas, porém, enraiveceram-se contra nós, quando já a Medicina mobiliza os mais eficientes recursos contra as moléstias do fígado, e quando sábios eminentes se congregam para solucionar transcendentes questões do sofrimento humano. Como não lhes era possível destruir o trabalho realizado pelos semeadores do bem, no silêncio do anonimato construtivo, endereçaram estranhos apelos aos Espíritos desencarnados para que lhes trouxessem as provas da sobrevivência. Não queriam respirar a veneração devida a um templo: reclamavam o picadeiro. No entanto, agora, quando a economia dirigida costuma queimar trigo e os parques de diversões aperfeiçoam os entretenimentos, é impossível repetir a exigência de "pão e circo", dos alegres e despreocupados romanos do tempo de Juvenal...

Houve quem pedisse o regresso de Schubert para que o grande compositor terminasse a sua "Sinfonia Inacabada". Reclamavam outros a presença do casal Curie para demonstrações radiológicas, acrescidas dos conhecimentos adquiridos além do sepulcro. Apareceram pessoas chamando Leonardo da Vinci para que lhes pintasse a fé no centro do crânio, e um escritor respeitável, de alma nobre e coração generoso, apareceu inexplicavelmente na arena, propondo-se apresentar complicado problema de matemática às almas do "outro mundo". Hiparco e Ptolomeu regressariam reverentes, atendendo a questões de trigonometria, e Diofanto, o matemático grego, viria, pressuroso, solucionar novos enigmas algébricos, assombrando os seus semelhantes do século XX. Enquanto isso, os médiuns seriam promovidos, automaticamente, a enciclopédias humanas.

Nenhuma realização nesse particular, entretanto, resolveria o problema da fé viva. Muitos Espíritos desencarnados já vieram e satisfizeram a estranhos caprichos dos investigadores exigentes, mas restou sempre lugar para a desconfiança destrutiva. Invoca-se a telepatia, nas mais diversas ocasiões, para justificar todos os fatos, e se a telepatia não chega, surgem teorias apressadas que deixam os materialistas "como dantes, no quartel de Abrantes".

Há mais de meio século, esforçam-se os Espíritos dos "mortos" para iluminar o caminho dos vivos, referentemente às certezas consoladoras da vida imperecível. A crença, porém, como o fruto, tem a sua época de amadurecimento necessário. Os homens de bom senso, que morrem antes dos outros, compreendem a extensão das fraquezas que caracterizam os seus irmãos de Humanidade. Sabem que não se pode pedir determinados testemunhos ou certas equações intelectuais aos menores de espírito, que constituem vastíssimas fileiras no campo evolutivo. Conhecem, igualmente, os gigantes da inteligência, que afrontam as verdades eternas com o estilete do sarcasmo, sem desconhecerem as responsabilidades que assumem, vacilantes embora, entre as considerações exteriores e as imposições da consciência. Os desencarnados esclarecidos, porém, não podem hesitar diante do quadro divino das realidades eternas e continuam preferindo o silêncio com o trabalho edificante na elevação geral. Não podem, em obediência a princípios de ordem divina que lhes regem as atividades e relações, voltar à camaradagem inferior, comentando vulgaridades e pilhérias de mau gosto, satisfazendo ao caprichoso critério dos antigos companheiros atolados nas velhas fantasias. Não dispõem de tempo para solucionar quebra-cabeças, em atenção a exigências descabidas, sem nenhum valor essencial na aquisição da fé. Mas... quem sabe? talvez possam ser úteis, mais tarde, aos seus amigos, em horas de extremo interesse do espírito, na solução de problemas de importância fundamental para eles, no campo infinito da vida eterna.

X

39

Serviço de investigação

O investigador policial, a propósito de problemas intrincados, é sempre uma pessoa que deve educar os olhos para identificar o mal. Nos crimes obscuros, nos furtos misteriosos, põe-se a campo, em busca dos verdadeiros culpados. Às vezes, socorre-se da injustiça, até que o delinqüente apareça à luz meridiana, confessando a própria falta. Seus esforços quase sempre são louváveis; entretanto, como a justiça do mundo, em muitas ocasiões, é simbolizada por uma deusa cega, a ternura fraternal não é característica de suas funções. É lógico reconhecer que a sociedade humana não lhe dispensa o concurso. O "homem-lobo" ainda predomina entre as criaturas, depredando e assaltando, arruinando e destruindo. Compreendemos, desse modo, quanto é imprescindível a fiscalização no instituto da ordem social. O investigador, porém, a título de exercer fielmente a missão que se lhe conferiu, timbra em afastar-se da piedade. É preciso arrancar confissões, corrigir o mal, retificar o desvio e apagar, de vez, a possibilidade de novos crimes. São atribuições ingratas, mas naturais e humanas, em face dos desequilíbrios provocados pela perversidade deliberada. Em sã consciência, o profissional da segurança pública não pode ser criticado, desde que não procure estancar o sangue, derramando mais sangue, nem reprimir a violência impulsiva com a violência organizada. O médico também faz amputações difíceis e dolorosas e aplica o ferro candente a feridas de mau caráter. E as chagas sociais exigem ânimo forte dos cirurgiões da polícia técnica. Não se pode curar os golpes fundos da maldade voluntária com perfume de rosas sem espinhos. Muita vez, é indispensável cortar e ferir, isolar e cauterizar.

Esse é um setor de benemerência da criminologia. Referimo-nos a minúcias psicológicas do investigador, para demonstrar a elevação de sua tarefa na zona que lhe é própria, valendo-nos, ainda, do ensinamento para algumas observações, no serviço da espiritualidade superior.

Quantas vezes os companheiros de luta improvisam investigações, a pretexto de caridade? Reúnem-se, forçadamente, em torno de médiuns, como detetives arguciosos, procurando a pretensa maldade. Não lhes criticamos a observação construtiva, mas lastimamos as péssimas condições de espírito com que recorrem à experimentação.

Não seria mais útil o adiamento da tentativa? E não será mais prudente, no capítulo das gentilezas, que os amigos da Doutrina e os médiuns de boa intenção se abstenham de colaborar nesses intentos prematuros?

É um erro procurar os desencarnados esclarecidos à luz da Revelação Divina, mantendo no coração propósitos apenas compreensíveis nos investigadores policiais, que se valem deles, obrigatoriamente, no trato com os criminosos contumazes.

Todos os que organizam sessões mediúnicas, com o objetivo de satisfazer aos catadores de delinqüentes, não se acautelam contra os perigos a que se conduzem, porque no plano invisível existem também entidades perversas, que não perdem ensejo de participar de condenáveis aventuras; e o trabalho dos Espíritos superiores, nessas ocasiões, resume-se, quase, a preservar os pesquisadores tirânicos da influência de perigosos malfeitores desencarnados, que respondem às preocupações de ordem inferior que os assaltam.

A reunião mediúnica é também uma visita das almas encarnadas ao plano espiritual. Elevam-se os companheiros terrestres, através do pensamento, para que nos encontremos em "algum lugar". Se o cooperador humano conta com excelentes relações na esfera invisível, delas recebendo contribuições efetivas de socorro e iluminação, como submeter os seus benfeitores distantes à investigação de pessoas, respeitáveis embora pelo trabalho que realizam na Terra, mas absolutamente despreparadas quanto às responsabilidades do espírito? Entregaria o homem de bem, ao primeiro desconhecido que lhe visitasse a casa, as intimidades do santuário doméstico, a pretexto de exemplificar a caridade evangélica? Como esquecer comezinhos deveres de segurança do bem, se o próprio Cristo recomendou aos seguidores que não lançassem pérolas a esmo?

É possível que muitos amigos nossos, ainda encarnados, obedecendo a impulsos de excessiva afetividade, atirem a qualquer aventureiro adornado de títulos exteriores as jóias da confiança e do otimismo que lhes foram doadas pelas inteligências que habitam o plano divino. Mas nós outros, de olhos abertos e vigilantes, diante do campo infinito da Vida, não podemos fazer o mesmo.

A caridade é a virtude sublime que salva, aprimora, enaltece e aperfeiçoa, mas a imprudência, dissimulada por palavras lisonjeiras, não lhe pode arrebatar a auréola fulgurante.

É razoável que os estudantes do Espiritismo evangélico não desprezem a análise construtiva. É impossível viver às cegas num terreno tão claro, onde a liberdade para discernir, como deusa da razão vitoriosa, não permite a soberania das trevas interiores. Mas que ninguém converta ambiente de legítima fraternidade em gabinetes policiais, onde os Espíritos elevados devem comparecer como delinqüentes submissos. Procure-se a companhia desses benfeitores, tendo o espírito de alegria, serenidade e amor com que se buscam as afeições generosas e dignas da Terra. Os que não puderam proceder assim, adiem o cometimento, ainda que estejam diante da insistência apressada dos melhores amigos, porque o pensamento do homem, onde quer que se encontre, emite raios de atração, buscando receptores adequados, e quem se reúne, procurando malfeitores e criminosos, há de encontrá-los, tanto aí como aqui.

40

O júri negativo

O Espírito de Rodrigo Oberon, antigo homem de letras na Terra, foi chamado a um júri familiar, constituído de afeiçoados e colegas que com ele haviam privado intimamente na luta material.

O desencarnado dera notícias de si mesmo, depois da morte, e o fato alvoroçara o antigo campo doméstico, provocando estranheza geral. Contudo, diante das conseqüências morais que a surpresa envolvia, os velhos camaradas do morto repeliram a boa-nova, energicamente. Oberon, todavia, não se intimidou e, porque habitasse agora o país da verdade, continuou escrevendo, dirigindo-se, não mais aos irmãos de outro tempo, mas aos companheiros de boa vontade que a nova tarefa lhe dera a conhecer, enriquecendo-lhe o coração. Ante a insistência dele, porém, os amigos reclamaram-lhe a presença, em reunião mais íntima, a que o médium, acusado de embusteiro e mistificador, compareceu constrangido, encarcerado em justas inibições. No entanto, tamanho era o bom desejo de Rodrigo, que os óbices naturais foram vencidos e ele conseguiu manifestar-se perante a assembléia de irmãos do pretérito, agora convertidos em simples investigadores.

Logo notou que ninguém, na sala, recebia a visita com a espontaneidade desejável. Todos os presentes timbravam em fixar atitudes de vigilância. Alguns arregalavam os olhos, outros apuravam a acuidade auditiva, para intensificar a severidade da crítica.

Oberon, todavia, enganado em seus melhores e mais belos propósitos, deu vazão à emotividade que lhe banhava a alma e, chorando de júbilo, dentro dos conhecimentos dilatados que a morte lhe outorgara, saudou, comovidamente:

— Meus amigos, que a paz de Deus esteja conosco!

Entreolharam-se admirados os assistentes. Um deles rompeu a estupefação e comentou em voz alta:

— Oh! que significa isto? Rodrigo Oberon era um ateu inteligente, não falaria agora com relação a Deus.

Antes que as opiniões contraditórias se fizessem ouvir com mais calor, evidenciando menosprezo à preciosa oportunidade, Rodrigo asseverou, paciente:

— Amigos, a morte modifica-nos. Impossível insistir na negação sistemática, diante das afirmações da vida vitoriosa.

E passou a relacionar consoladoras reminiscências, referindo-se a acontecimentos e datas inesquecíveis. Todavia, enquanto o desencarnado expandia sublimes emoções, os presentes acentuavam a frieza do primeiro instante de observação. Fizera Oberon ligeiro intervalo e um deles considerou atrevidamente:

— Isto não constitui prova. O médium conhece a biografia do morto.

E sorrindo, irônico, acrescentava:

— Quem a ignoraria, porventura?

Sentindo que não se fazia conhecer pelo passado que recordava, perante os indagadores intransigentes, Rodrigo passou a falar do novo plano de existência, descrevendo-lhe a beleza divina. A assembléia, porém, escutou impassível e um dos antigos companheiros exclamou, na primeira pausa do narrador:

— Tudo mentira! Onde não observamos o desvario dum cérebro dementado, vê-se a mistificação criminosa. A descrição é puramente fantástica!

Fixando os olhos miúdos nos colegas, tão rígidos de sentimento quanto ele, indagava, sarcástico:

— Não teremos bastante ficção no mundo?

O Espírito permanecia angustiado. Estudava apressadamente um meio de prosseguir na defensiva afetuosa da verdade, quando um amigo se aproximou e dirigiu-lhe certa pergunta indiscreta, alusiva à família consangüínea. Ele sabia que se a morte o conservava sem mudança espiritual, não se verificava o mesmo no ambiente doméstico. A separação, na esfera terrena, determinara modificações apreciáveis em sua casa. Ferido no mais íntimo da alma pela crueldade da solicitação, respondeu timidamente:

— Não me obriguem, por piedade, a opinar em situações que devo esquecer. Não me cabe o direito de interferir nas decisões respeitáveis dos que me foram amados no mundo! não posso, não posso!...

Contudo, insensível ao seu sofrimento, um dos investigadores considerou:

— Não vêem? Estamos presenciando um caso de cadeia ou sanatório. Quando se procura a identificação do morto, o Espírito recua...

A estas palavras, seguiram-se gargalhadas sonoras.

Rodrigo não desanimou.

Reunindo os recursos verbais, referiu-se, profundamente emocionado, aos laços sublimes da ternura e da compreensão nas velhas alegrias da camaradagem terrestre, mas, ao terminar, alguém gritou desrespeitosamente:

— Simples banalidades! Acabemos a farsa! O diabo não tem família!

Oberon tentou explicar-se, ainda, comentando com humildade a sua posição difícil, no momento, e relacionando as surpresas que aguardam o homem, além do sepulcro. Todavia, antes de concluir, um dos assistentes cortou-lhe a palavra, injuriando-lhe a presença:

— Vá, Satã imbecil! Um escritor medíocre não cometeria os erros de psicologia e linguagem que a sua audácia atribui ao nosso amigo morto. Saberemos vingar-lhe a memória, castigaremos os culpados desse ato burlesco, em que um demente, apelidando-se de médium, desempenha o papel do histrião criminoso, cabotino e inconsciente!

O Espírito calou-se e, depois de orar em silêncio, sufocado pelas lágrimas abundantes, despediu-se em voz pausada:

— Adeus, amigos! Nunca mais, enquanto permanecerem na carne, ouvirão Rodrigo Oberon em júris familiares. Entretanto, já que vocês não me recebem no céu do entendimento, eu irei encontrá-los no inferno da incompreensão na primeira oportunidade. Recusam agora o amigo que a vida lhes devolve, mas a morte esperará por vocês todos, encaminhando-os ao diabo que invocam. Até à vista!

E, sob forte impressão, dissolveu-se a pequena assembléia para que os velhos camaradas do morto continuassem marchando, por si mesmos, ao encontro da verdade, ferindo os próprios pés, no caminho vasto da experiência.

41

Adivinhações

Meu amigo: você ainda pertence ao número daqueles que consideram os Espíritos desencarnados adivinhadores e pergunta o motivo pelo qual não pulverizamos as afirmativas dos detratores gratuitos e apressados do Espiritismo cristão. Julga você, acompanhando as águas de muita gente, que somos novas edições do velho Tirésias, precursor da *buena-dicha* e que, à maneira dos criados linguarudos, devemos estar em dia com todos os segredos do próximo, a fim de, por esse processo fácil, dar-lhe a conhecer nossas atividades espirituais, de modo concreto e insofismável.

Creia, porém, que a lógica não autoriza semelhantes suposições. Se o Espiritismo tivesse por advogados tão-somente os magos do revelacionismo barato, a grande Doutrina jamais passaria de movimento anedótico, em que o palpite e o boato se encarregariam de interceptar a luz divina. Reduzir-se-iam as sessões a espetáculos caseiros, com a supervisão de palhaços sem corpo físico, e os assistentes voltariam à posição psíquica das crianças curiosas, que freqüentam as salas de mágica, atentando apenas para a varinha do feiticeiro.

Acredita você que a Providência Divina permitiria o regresso dos mortos apenas para isso? O fenômeno transcendente da comunicação com o plano espiritual estaria circunscrito a meras demonstrações telepáticas?

Para muitas pessoas, a finalidade de nosso intercâmbio consiste em convencer os corações mais endurecidos, sem esforço. Os pais mortos imporiam convicções aos filhos, adivinhando-lhes as intenções e anulando--lhes o livre-arbítrio, na esfera das realizações materiais. Os esposos falecidos continuariam à testa da casa, satisfazendo caprichos da companheira, por mais disparatados que fossem. Entretanto, a morte é chave de emancipação para quantos esperam a liberdade construtiva. E aqui, no "outro mundo", somos naturalmente compelidos a imediato reajustamento do quadro de opiniões pessoais. As afirmações quixotescas dos adversários da verdade não chegam a modificar um til nas leis universais, e as suas arremetidas injuriosas contra os servidores fiéis da causa do bem não passam de bulha infantil, em torno das sublimes fontes da Nova Revelação. Aliás, é razoável que digam insultos e asneiras, atendendo aos impulsos da boca deseducada. Ignoram a grandeza do verbo criador e, por vezes, não passam de anões espirituais fantasiados de gigantes físicos. Nós outros, porém, que atravessamos a experiência do sepulcro, não podemos cair no mesmo nível. É indispensável examinar os problemas graves da vida, penetrar o conhecimento do destino e da dor, amparar a compreensão de eternidade nascente no mundo, e não seria lícito perder as horas em atender aos serviços de adivinhação barata. Além disso, é preciso ponderar as deploráveis conseqüências das informações prematuras. Referir-se-á você, naturalmente, aos belos serviços da psicometria na divulgação da Doutrina Consoladora. Sim, é certo. Não julgue, todavia, que esses trabalhos se efetuam sem o controle das inteligências esclarecidas de nossa esfera de ação. E não só os desencarnados necessitam disciplina em suas doações verbais: também os médiuns devem sofrear o desejo de adiantar ilações do que observam em silêncio, porque em assuntos de espiritualidade toda a prudência se faz imprescindível.

Li, algures, a história de um vidente moderno que passava por ser maravilhosamente verdadeiro. Certa vez, foi visitado por um homem que lhe pedia socorro para as aflições psíquicas. O cliente inquieto trazia consigo um quadro doloroso. Na existência passada, fora homicida e, no campo mental, embora a bênção do olvido no renascimento físico, estampava ainda a cena lamentável do pretérito delituoso. Desde a infância, em razão do resgate que deveria levar a efeito, era atormentado de pesadelos e tentações que pareciam sem termo.

Davam-no os médicos por vítima de perturbações congênitas, e como não lhe solucionavam a questão angustiosa recorreu ao sensitivo, sequioso de paz íntima. O médium, usando a sua faculdade de penetração noutros domínios vibratórios e sentindo-se vaidoso da franqueza que lhe era característica, movimentou o cabedal das apreciações próprias e falou-lhe abertamente do que via. Sem o espírito da caridade construtora, concluiu o vidente loquaz que o quadro significava assassinato em futuro próximo, asseverando que o consulente mataria um homem. Retirou-se o enfermo da alma em condições terríveis. Sugestionado pelo médium invigilante, passou a viver muito mais do passado criminoso, reconstituindo instintivamente as idéias sinistras de outra época. Deveria matar alguém e preparou-se para o horrível acontecimento. Correram os anos. Um, dois, três, quatro... O enfermo procurou eliminar diversos parentes e amigos sem resultado. Perdera o contato com o trabalho sadio. A idéia fixa do crime empolgava-o. Não dormia, alimentava-se mal e convertera-se em perigoso alienado, fora do hospício. A sua situação continuava angustiosa quando, certa noite, encontrou um homem a meditar numa ponte solitária. Não teria chegado o momento? — pensou. Não lhe cabia assassinar um homem? Perturbado, aflito, precipitou-se sobre o desconhecido e apunhalou-o. Mais alguns instantes e aclarava-se a identidade do morto. O assassinado era o vidente, fornecedor do pensamento inicial do crime. A idéia, pequena e insignificante a princípio, desenvolvera-se, crescera e agira contra o seu próprio criador.

Compreende você a responsabilidade dos que fazem conclusões precipitadas ou que adiantam informações prematuras? Responderemos por todas as imagens mentais que criarmos nos cérebros alheios.

Natural, portanto, nosso retraimento em matéria de pareceres inoportunos e novidades sensacionais. A obra evolutiva de cada um de nós pede tempo e experiência.

Se você deseja cooperar nas fileiras do Espiritismo cristão, instrua-se no conhecimento da verdade e edifique-se na prática do bem, abstendo-se de exigir o concurso dos seus amigos desencarnados, no campo do revelacionismo fácil. Divulgue, onde você vive e trabalha, a mensagem de boa vontade e colaboração evangélica que a fé e o esforço próprio gravaram em seu coração. Quanto aos detratores e perseguidores vulgares, não lhes conceda o apreço que estão muito longe de merecer. Entregue-os à luz abençoada da consciência, porque o sofrimento e a morte se encarregarão de transformá-los, no instante oportuno.

42

Filosofia da dúvida

Nem sempre os inimigos declarados da fé são os destruidores da edificação espiritual. Os materialistas confessos, por vezes, são excelentes pessoas de coração mole e cabeça dura. Sentindo-se afastados da prática religiosa, quase sempre experimentam sincero prazer no serviço aos semelhantes, absolutamente desinteressados da remuneração divina. A descrença deles resulta muito mais da impossibilidade espiritual que da má vontade calculada. E como não se pode exigir fruto da laranjeira tenra, é necessário deixá-los no ateísmo provisório, ao sol e à chuva das experiências que fazem e desfazem as coisas e situações, para que o homem descubra a própria grandeza.

Os caracteres verdadeiramente perigosos para os serviços edificantes da fé são aqueles que lhe recebem as bênçãos, absorvem as luzes e recolhem os benefícios, declarando-se contra ela, no dia seguinte, empunhando as armas da inteligência com que precipitam no abismo da dúvida a mente frágil dos companheiros que lhes pedem a mão.

Os sacerdotes do Sinédrio, que provocaram a crucificação do Cristo, permaneciam na rigidez de princípios que lhes caracterizava o trabalho e jamais esconderam o desagrado que a lição de Jesus lhes causava, mas os soldados pagos para declarar que a ressurreição não passava de embuste grosseiro, asseverando, à maneira de observadores superinteligentes, que os discípulos haviam furtado o corpo do Mestre nas sombras da noite, esses, sim, ocasionaram graves distúrbios, junto ao Evangelho nascente. É inegável que semelhantes perturbadores não afetam a verdade eterna em sua essência divina. As permanentes discussões dos astrônomos sobre as manchas do Sol não impedem que o astro glorioso continue iluminando e sustentando o planeta. As tricas teológicas da Terra nunca diminuíram a misericórdia de Deus. Entretanto, na esfera das realizações humanas, a ausência de cooperação dos favorecidos da inteligência retarda, de certo modo, as construções sublimes da fé viva para a concórdia e felicidade de um mundo melhor. É justo, portanto, indicarmos a zona nevrálgica do trabalho, procurando acordar os companheiros de cérebro desenvolvido e coração atrofiado. Desde os primeiros dias do Consolador, trazido à Terra com o Espiritismo cristão, cercam eles a esfera do serviço digno de restauração evangélica, lançando as areias movediças da dúvida no terreno destinado às convicções sadias.

Cooperando no ministério sublime de Allan Kardec, os Espíritos sábios e benevolentes organizaram com o inesquecível missionário a Codificação da Doutrina Consoladora, endereçada ao espírito sofredor da Humanidade. Todavia, Charles Richet, não obstante os títulos enobrecedores que lhe exornam a personalidade, faz a revisão dos ensinamentos espiritistas, criando a Metapsíquica para evidenciar a supremacia da dúvida. William Barrett, membro da Real Academia da Inglaterra, depois de agraciado pelas luzes do plano superior, proclama que a emoção nervosa é a fonte dos acontecimentos supranormais e que ainda vem longe o tempo em que se possa provar a sobrevivência do ser humano, além da morte, através das manifestações mediúnicas. Ochorowicz, favorecido por elevadas inteligências desencarnadas, acompanha o gigantesco esforço dos amigos espirituais, que lhe facultam notáveis demonstrações; no entanto, em seguida ao prestigioso serviço das entidades invisíveis, declara que a levitação é produto da mecânica biopsíquica, de cujos centros promanam, segundo a teoria dele, os raios rígidos que movimentam os corpos sem contato. Experimentadores diversos, após receberem favores brilhantes do mundo invisível, propõem que a palavra "materialização" seja substituída pelo termo "ectoplasia", para significar que o fenômeno não implica a intervenção de inteligências estranhas, e sim o mero desdobramento do corpo físico em condições desconhecidas da energia nervosa.

Possui a Ciência infinitos recursos terminológicos para incentivar a dúvida nas almas. E quando surgem pesquisadores conscienciosos e sinceros, que não temem as conseqüências de sua lealdade à sabedoria, alastram-se as definições sarcásticas e chovem pedradas. Até hoje, aparecem pessoas interessadas em apresentar William Crookes e César Lombroso na categoria de papalvos, a quem os médiuns subtraíram as faculdades de observação diante da vida. Mesmo no Brasil, homens de vasta cultura e projeção social, como Bittencourt Sampaio e Bezerra de Menezes, foram tachados de palermas e loucos, o primeiro porque permutou a política engenhosa dos homens pela divina política do Evangelho, e o segundo porque trocou os interesses financeiros dos médicos altamente remunerados pelos interesses eternos do espírito.

É muito difícil vencer o dragão da vaidade humana que monta guarda ao nosso patrimônio intelectual.

Ainda que homens respeitáveis e bem-intencionados, como Richet, venham à zona do esclarecimento, colaborando, com êxito, na intensificação da cultura moderna, surge sempre uma brecha, aqui ou ali, por onde o monstro deita as garras de fora, revelando a deficiência de nossa edificação pessoal.

Essas maravilhosas inteligências, filiadas à hesitação sistemática, continuarão prejudicando o desenvolvimento dos germens da fé e adiando indefinidamente as realizações de um mundo espiritualizado; entretanto, passarão também no campo infinito da vida, dando lugar aos cientistas mais fortes e desassombrados. Que ninguém se perturbe em face desses homens admiráveis pelo raciocínio, porque eles vão discutindo, duvidando e morrendo, e os Espíritos benevolentes e sábios prosseguirão construindo, sem desânimo e sem inquietação, a Terra melhor de amanhã.

X

43

Desfazendo acusações

Nas ruidosas campanhas contra o Espiritismo, não raro surgem aqueles que acusam os desencarnados através de variados modos.

Por que motivo os Espíritos não descobrem os segredos ocultos da Natureza, atenuando as dificuldades que rodeiam a existência do homem? Por que não escrevem livros técnicos avançados, solucionando os intrincados problemas da Ciência e da indústria? Como não oferecem recursos para a cura da morféia ou do câncer? Regressando às escalas mais baixas, no pentagrama das inquirições puramente intelectuais, encontramos criaturas perguntando por que não indicamos o local onde se encontra a bolsa perdida da senhora M... ou que razão nos leva ao desinteresse pela procura do anel de preço, esquecido no bonde pelo senhor B...

Desconhecendo a bondade de Deus, o doador anônimo do Universo, os escritores orgulhosos afirmam que todas as conquistas da cultura humana são devidas ao pensamento dos vivos, como se as suas declarações se destinassem a ferir a suposta vaidade dos mortos, para que venham disputar com os homens, na aquisição de gloríolas efêmeras.

É preciso considerar, todavia, que se os desencarnados assumissem na Terra o papel de orientadores tangíveis da evolução, na descoberta de utilidades novas, esses mesmos escritores se revoltariam contra eles, acoimando-os de infratores da lei de liberdade, a invadirem seara alheia. Estejam, porém, tranqüilos os nossos amigos do mundo físico, porque ninguém, com bastante esclarecimento, em nosso plano, se sente autorizado a interferir diretamente nas edificações que competem aos missionários, estudiosos e trabalhadores da Terra. A esfera que habitamos agora, se oferece bastante luz à nossa mente, oferece também problemas inúmeros, que precisamos resolver, atendendo às nossas necessidades para a vida eterna. A morte do corpo não se faz acompanhar de estacionamento, no qual seríamos forçados a contemplar os encarnados, nem das delícias do Céu ou das torturas do inferno. Somos compelidos por ela a novos caminhos de ascensão, em que o Infinito nos deslumbra. A matéria diferenciada convida-nos a trabalhar em fascinantes enigmas, a evolução apresenta outros aspectos e a universalidade conduz-nos a maravilhosas invenções de felicidade e paz.

O campo de lutas renovadas não nos deixa ensejos à interferência indébita no labor cometido ao homem de carne, e, ainda que as oportunidades nos permitissem a colaboração dessa natureza, não seria lícito subtrair a criatura humana à faculdade de orientação própria, na descoberta de si mesma.

Se o pauperismo e a enfermidade fossem eliminados de vez, possivelmente o orgulho e a vaidade consolidariam o seu império na existência terrestre, encerrando os habitantes do planeta em grosseira crosta de egoísmo, por milênios inumeráveis, além de cerrar-lhes a visão do panorama universal. Quanto ao serviço de invenções e descobrimentos, a esfera invisível, atendendo aos superiores desígnios de Deus, presta concurso fraternal e indireto às realizações terrenas, mas não impõe inovações espetaculares ao quadro evolutivo das criaturas.

E, por falar nos engenhos de que a civilização se enriquece cada vez mais, é imprescindível considerar que o homem não se pode queixar no tocante às edificações que lhe foram autorizadas pela Providência Divina, importando observar como as utiliza.

Permitiu Deus que a criatura humana recebesse a embarcação a velas: organizou-se então a pirataria do passado; deu-lhe o navio a vapor e armaram-se verdadeiras cidades flutuantes, que atacam as coletividades praieiras sem aviso prévio; conferiu-lhe o Senhor a descoberta da matéria explosiva, para que as montanhas de pedra calçassem a residência dos filhos da Terra e a fim de que as mãos humanas colaborassem na estruturação de uma superfície planetária mais acolhedora e mais bela. Entretanto, fez-se da conquista preciosa a bomba destruidora que deixa cair a chuva da morte sobre lares e hospitais inocentes. Concedeu o Altíssimo ao mundo necessitado o trator e o automóvel; em breve, porém, tomavam-nos como padrão para o fabrico de tanques arrasadores que talam as mais humildes ervas do campo. Autorizou o Pai a entrega do telefone sem fio às nações insuladas umas das outras, a fim de que aprendessem a fraternidade legítima; aproveita-se o recurso para a expedição de sinistras mensagens de morte a submarinos criminosos que atacam mulheres e crianças em viagem no mar. Mandou o Doador divino que o avião fosse entregue aos povos terrestres, facilitando o intercâmbio entre as diversas regiões do globo e incentivando a solidariedade mundial; todavia, a máquina do ar foi convertida no pássaro do extermínio, ferindo e deformando, matando e destruindo.

Que fez o homem do progresso científico que o Senhor conferiu à Terra, se ele saiu da caverna da idade da pedra, a caminho dos palácios gregos e dos anfiteatros romanos, dos castelos medievais e dos arranha-céus modernistas, regressando, agora, apressadamente, à caverna de cimento armado dos abrigos antiaéreos?

Não formulamos a interrogação como as pessoas atacadas de pessimismo crônico. Acreditamos sinceramente no mundo melhor, na fraternidade legítima e na paz restaurada. Queremos responder tão-somente aos inquiridores ociosos que indagam, sarcásticos, sobre a atuação dos Espíritos desencarnados, no círculo das invenções e descobrimentos, que a Terra tem recebido excessivamente da bondade de Deus, retribuindo mal a confiança celeste, acrescentando que se eu fosse alguém, com bastante autoridade, rogaria ao Altíssimo interromper o serviço de doação de novos engenhos para o homem terrestre, pelo menos durante mil anos sucessivos, até que ele reconsidere a velha atitude de menosprezo aos bens divinos, crescendo devidamente para a verdadeira compreensão da luz espiritual.

44

Resposta leal

Você, meu amigo, num gesto de confiança excessiva, me pede orientação e comenta o labirinto a que chegou depois de muitas aspirações e fracassos no caminho da vida. Com gentileza, você acrescenta: "Se o irmão não puder fazê-lo, outro amigo poderá tomar-lhe o lugar. Preciso receber um conselho do plano invisível".

Entretanto, o mesmo receio que me assalta invade o coração de outros companheiros daqui, que, como eu, não se sentem à altura de fornecer diretrizes em caráter absoluto. Em verdade, habitamos o plano invisível aos olhos de vocês, que ainda permanecem na carne, mas não nos encontramos na esfera da sabedoria que tudo vê.

Dizia Oscar Wilde que, ministrando bons conselhos, geralmente damos a outrem aquilo de que a nossa vida mais necessita. É um vício velho da Humanidade. Muitas vezes, na Terra, ouvi também dizer que os bons cobradores, habitualmente, são maus pagadores. A máxima faz-nos lembrar as pessoas férteis de advertências corretas ao próximo e necessitadas de orientação para si mesmas.

À medida que crescemos em conhecimento superior, ilumina-se-nos o entendimento para as situações mais difíceis. É aí que descobrimos a realidade das posições evolutivas e começamos a enxergar as criaturas nos diferentes degraus de compreensão que conseguiram alcançar.

Como poderia, pois, traçar-lhe caminhos particularizados à ação?

Diz você, esposo preocupado de uma jovem doente, com quem se casou em segundas núpcias, e pai de quatro filhos rebeldes que ficaram sem mãe, que pretende vender a sua casa na cidade e transferir-se para o campo, atendendo às necessidades de saúde da companheira. E conta-me suas dificuldades com a ingênua confiança do irmão menor, que relaciona obstáculos e inibições diante do irmão mais velho, angustiado por não dispor de recurso para a solução necessária. Afirma você que se encontra desempregado, há dois anos, em virtude da perseguição de criaturas ingratas, que lhe movem um processo humilhante por faltas que não cometeu. Além disso, acha-se esgotado por vicissitudes diversas, cercado de credores exigentes, que lhe pedem o resgate imediato de contas vultosas, situação essa agravada por uma úlcera duodenal confirmada por várias radiografias. No campo moral, segundo a relação de seus angustiosos pesares, sua luta não é menor, nem mais triste. Viúvo ainda jovem, com quatro crianças, das quais a maior conta, no momento, apenas doze anos de idade, viu-se forçado ao segundo matrimônio, porque seus parentes fugiram dos órfãos de mãe. Considerando inoportuno o recurso às casas caridosas, em vista de suas noções dignas de pai responsável, você desposou uma jovem que o auxiliou, durante três anos consecutivos, numa sala de costura do próprio lar, dividindo-se, de muitos modos, para atender aos seus interesses de homem de bem e às exigências dos seus filhinhos, conservando apenas o título de madrasta. Na faina de cumprir obrigações pela tranqüilidade da casa, a pobrezinha adoeceu gravemente, ameaçada pela tuberculose que lhe ronda o organismo. Aconselhou-lhe o médico o ar do campo, mas os seus graciosos rebentos, convertidos em pequeninas feras ingratas, opõem-se à medida, atormentando-lhe o coração de pai afetuoso e sensível.

E você pergunta — "que farei?"

Comove-me o seu sofrimento, mas não me espanta o quadro de provações redentoras em que foi envolvido. Há criaturas lutando com maiores obstáculos e vítimas de maiores tormentos. E se respondo à sua carta, minudenciando o assunto, é que uma só particularidade de suas palavras me provocou enorme estupefação: o seu propósito de suicídio. Isso é, efetivamente, doloroso e terrível. De todas as lutas abençoadas do momento, esse, meu amigo, é o único ponto negro de sua história. Desde os grandes profetas que precederam o Cristo, sabemos que o tempo se modifica, da manhã até ao crepúsculo, da noite até à alvorada. Cada dia tem seus berços e túmulos novos. Toda a paisagem de suas preocupações pode mudar-se num instante. Esse pensamento deve consolar o seu mundo íntimo, porque Deus não é Deus de imobilidade e indiferença: a vida move-se ao influxo de seu divino amor.

Você, porém, pede-me orientação particularizada, definida.

Que conclusões esperará, porventura, de nós?

Não estamos, aqui, à frente de oráculos infalíveis. Permanecemos esforçando-nos igualmente por eliminar as conseqüências deploráveis que os nossos atos geraram no passado e trabalhando pela aquisição de valores substanciais para a vida infinita. E, como não disponho de outros conselheiros, a não ser a lógica e o bom senso, creio que para o seu caso com a Justiça não deve esquecer a colaboração de um advogado eficiente, sem dispensar o concurso dum bom médico para o seu caso clínico. E procure ajudar a sua companheira devotada, removendo-a para o campo, depois de ouvir um técnico agrícola sobre a compra de sua propriedade rural. Para aliviar os seus desgostos de pai, adquira uma vara resistente que lhe faculte reajustar a educação doméstica dos meninos. Também fui pai e tive muitas ilusões quanto a prováveis direitos das crianças. É funesto engano acreditar que a gente miúda deva governar a colméia caseira; antes do direito que receberá com o tempo, é preciso ensiná-la, pelos processos cabíveis, a cumprir as obrigações inadiáveis, ainda que semelhante atitude suscite a reprovação indébita de nossos melhores amigos.

Se encontrar razoabilidade em minhas lembranças, faça isso e espere o futuro, sem descansar as mãos e sem esquecer que uma fisionomia alegre e otimista constitui um dos ângulos básicos no edifício do êxito. Entretanto, se julga meus despretensiosos conceitos ineficientes e inadequados, proceda como melhor entender, certo de que você e eu somos filhos do mesmo Deus e ambos possuímos um bem celeste que é a liberdade. Use-a, de acordo com o seu ponto de vista, e aguarde os resultados.

45

O anjo da saúde

Angustiado, o homem enfermo invocou a proteção do Cristo e clamou em lágrimas copiosas:

— Senhor, ampara-me o coração desalentado no círculo das provas! Esgotaram-se-me os recursos para a resistência... Não posso mais! Minhas noites são prolongadas vigílias, repletas de dor, e meus dias constituem longas horas de aflição permanente! A dor lacera-me as carnes e desarticula-me os ossos... Compadece-te, Senhor meu! Desce um raio de tua divina luz que me restaure a força física e me reerga o coração humilhado! Desiludido de todos os processos de cura, mobilizados na Terra, volto-me para o Céu, esperando-te a inesgotável misericórdia! Ajuda-me, Pastor do bem! Vê os meus sofrimentos e auxilia-me!...

De joelhos e braços abertos, o peregrino soluçava, contemplando o firmamento.

Ouviu Jesus a oração e enviou-lhe o anjo da saúde, que desceu, bondoso e prestativo, surgindo aos olhos deslumbrados do infeliz enfermo.

Em êxtase, o doente fitou o mensageiro e suplicou:

— Emissário do Médico divino, lava-me as feridas dolorosas, levanta-me o espírito abatido! Há muitos anos sou um miserável sofredor, embora a minha confiança no Pai de Infinita Bondade! De corpo chagado e apodrecido, sinto que a esperança e a crença desertaram de minha alma! Socorre-me, por piedade, caridoso emissário do Céu!

O gênio tutelar afagou-lhe a fronte, compassivo, e exclamou:

— Meu amigo, põe a consciência nos lábios em oração e responde-me! Tens vivido de acordo com a vontade de Deus, fugindo aos caprichos do coração? Viveste, até agora, amando o Senhor supremo, acima de todas as coisas, e querendo ao próximo como a ti mesmo? Dedicaste teu corpo e tuas faculdades à execução das Divinas Leis?

Presa do antigo hábito de fugir à verdade, o homem quis proferir qualquer frase tendente a desculpar-se; entretanto, a presença do emissário sublime empolgava-lhe o ser e não conseguia furtar-se ao império absoluto da consciência. Dominado pela realidade, respondeu em soluços:

— Não!... ainda não servi às Leis do Senhor como deveria... Contudo, anjo bom, compadece-te de mim, a enfermidade consome os meus dias, o sofrimento devora-me!

O enviado pousou a destra na fronte do mísero, como se intentasse arrancar-lhe a verdade do fundo do coração, e interrogou:

— Estarás, porém, disposto a esquecer, de imediato, o pretérito criminoso? Desculparás, fraternalmente, sem qualquer sombra de hesitação, a todos aqueles que te desejam o mal? Auxiliarás o inimigo?

O enfermo dirigiu ao preposto celeste um olhar de terrível angústia, e porque nada respondesse, o mensageiro continuou interrogando:

— Perdoarás sempre, esquecendo ingratidões, injúrias e pedradas? Recomendarás os teus adversários à bênção do Todo-Poderoso, reconhecendo que eles são mais infelizes que tu mesmo, pela ignorância que testemunham? Exercerás a piedade, beneficiando as mãos que te ferem e olvidarás, sem esforço, a boca que calunia?

Compelido pelas forças insofreáveis da consciência, o enfermo respondeu, sem trair a verdade:

— Infelizmente, ainda não posso...

— Não emitirás pensamentos desarmônicos, ante a felicidade do próximo? — indagou o emissário, afável e benevolente. — Partilharás a alegria do vizinho e a prosperidade do amigo, como se te pertencessem também?

Ajudarás ao irmão mais feliz, na consolidação da ventura que lhe coroa a existência?

O mendigo da saúde recordou suas lutas interiores, junto daqueles que lhe pareciam mais venturosos, e respondeu, sincero:

— Não posso ainda...

— Terás bastante disposição — prosseguiu afetuosamente o interlocutor — para manter viva a própria esperança? Compreendendo a paciência de Deus, que nos aguarda a iluminação há milênios incontáveis, decidir-te-ás a esperar, sem revolta, o entendimento dos teus irmãos de luta, por alguns anos? Saberás calar a desesperação, a fim de auxiliar em nome do Pai altíssimo, mobilizando as forças que te foram confiadas?

O desventurado suspirou e disse com tristeza:

— Ainda não me é possível proceder assim...

Após intervalo mais longo, o Anjo voltou a interrogar:

— Cultivarás o silêncio, quando a leviandade e a calúnia espalharem palavras loucas em torno de teu coração? Defenderás a saúde, evitando as reações invisíveis de pessoas que poderias ofender com as falsas e delituosas apreciações verbais?

— Ainda não sigo semelhante caminho! — exclamou o infortunado.

— Poderás viver — continuava o mensageiro — no legítimo respeito à Natureza, conservando o teu vaso carnal de manifestações na sublime posição de equilíbrio, através da temperança, e cumprindo com fidelidade o programa de serviço, em benefício de ti mesmo e dos semelhantes? Experimentas o prazer de ser útil, sinceramente despreocupado das atitudes alheias de gratidão ou recompensa?

— Ainda não! — murmurou o interpelado em tom angustioso.

O emissário envolveu o infeliz num olhar de compaixão infinita e acrescentou:

— Oh! meu amigo, ainda é cedo para deprecares o socorro dos mensageiros da saúde! Se ainda não sabes viver, perdoar, esperar, compreender, ajudar e servir, de acordo com a vontade do Altíssimo, ainda lutarás com a enfermidade, por muito tempo. Por enquanto, não peças vantagens que não saberias receber! Roga ao Senhor te conceda a energia necessária para que te afeiçoes à lei do equilíbrio e às exigências da reflexão!

Em seguida, o emissário endereçou-lhe carinhoso gesto de adeus. O infeliz, entretanto, buscando retê-lo, exclamou em soluços:

— Oh! enviado do Céu, confiarei em Jesus!

O anjo contemplou-o, bondoso, e respondeu ternamente:

— Sim, eu sei. Isto, porém, não basta. É necessário que Jesus também possa confiar em ti...

E afastou-se, para dar conta de sua missão, nas esferas mais altas.

46

Desajustado

Conheço-lhe os males, meu amigo, e reconheço a oportunidade de suas considerações.

Após o surgimento da sublime luz da crença em sua alma, parece-lhe a paz um mito distante. “Meu coração ganhou fé” — assevera você —, “mas perdeu a tranqüilidade”. A palestra inteligente de preciosos amigos não acende em seu espírito o interesse de outro tempo. Se falam de economia, lembra você o serviço imenso de Jesus no setor da repartição dos bens terrestres; se comentam a política, você recorda o programa do Cristo nas atividades do amor ao próximo. Quando a Ciência, a Arte e a Literatura não sintonizam com as suas aspirações presentes, doloroso tédio invade-lhe o coração. Tolera as conversações sem movimentá-las e é com esforço que, muita vez, acompanha os comentários da vida e do mundo no círculo dos parentes, aos quais deve o tesouro dos júbilos familiares.

A Espiritualidade superior é, agora, sua preocupação dominante. Em muitas ocasiões, assemelha-se ao homem de um velho conto, de minha meninice, perdido em gruta escura e selvagem, procurando acesso ao oxigênio leve do campo.

Antigamente, o mundo materializado fascinava-lhe os olhos. Era preciso correr na conquista de conhecimentos e vantagens, instalar a personalidade na galeria da evidência social e política e adaptar-se às dominações do momento, a fim de atender aos imperativos da existência terrestre. Mas depois... Uma luz forte colheu-lhe a mente na estrada. Deslumbrado a princípio, você acreditou que era mais uma lâmpada festiva, no castelo das sensações; no entanto, aos poucos, reconheceu que não se tratava de uma claridade como as outras. Porque você tratou sempre os problemas da vida alimentando o firme desejo de acertar, encontrou a luz elevados recursos em sua sinceridade, e penetrou seu país interior, devagarinho, iluminando-lhe a consciência. Desde então, nasceu novo entendimento em sua alma. Transformaram-se as paisagens internas e externas. Muitos quadros que lhe pareciam grandiosos, tornaram-se insignificantes. Situações invejáveis, que noutra época seduziam seu coração, constituem hoje zonas escuras de que você foge naturalmente amedrontado. Vantagens converteram-se em perigos, conquistas em responsabilidades, e muitos ganhos que se lhe figuravam indispensáveis na tabela de aquisições do mundo representam agora para você derrotas e perdas, que é necessário evitar em benefício de sua própria felicidade.

Desajustado! Desajustado!

Seu pensamento repete essa definição todos os dias e seus velhos afeiçoados renovam a mesma observação. Debalde, procuram nos seus gestos, atitudes e palavras o homem que você já foi. Alguns afirmam que a velhice prematura se assenhoreou de seus dias; exclamam outros que a experiência religiosa lhe embotou o raciocínio. Você mesmo, em momentos de prova mais áspera, se esforça inutilmente por tornar ao passado. Todavia, não é mais possível o caminho de regresso. A verdade domina a fantasia e você é compelido a permanecer na mesma posição de deslocamento espiritual.

Desajustado! Desajustado!

*

Desde alguns séculos, existe no mundo a chamada legião dos homens "marginais". São eles judeus alemães, nas sociedades germânicas; anglo-indianos, em círculos hindus; mestiços, na África Portuguesa e na Ilha de Java. Sentem-se deslocados, ansiosos, insatisfeitos... Chamam-lhes "sem pátria", viajando a caminho de um porto que jamais encontrarão. Exasperam-se e sofrem, sem remédio que lhes cure a chaga íntima. Um deles, Stefan Zweig, sensibilidade extraordinária a serviço da inteligência, enfadado de fichários e passaportes, angustiado pela sua condição de peregrino internacional, preferiu o suicídio, menosprezando os dons de Deus.

Seu sofrimento, porém, meu amigo, era pior. Seu desajustamento, mais grave. Não havia pátrias terrenas que lhe pudessem satisfazer o ideal, porque a fé conferira ao seu coração a cidadania do mundo. Sofreria pelo brasileiro, como pelo javanês; meditaria na dor comum, onde essa dor aparecesse. Desprendera-se dos laços humanos, embora permanecesse dentro deles, segundo a expressão física. Era um prisioneiro libertado, conservando os grilhões por amor ao dever. O sangue que lhe corria nas veias modificara-se. Pertencia ao organismo da Humanidade. É por isso que a sua angústia interior ultrapassara a aflição dos que disputam uma pátria terrestre, confinada por pontes, árvores, rios ou cercas de arame. Ansiava o seu coração por uma esfera mais alta, onde pudesse pulsar ao ritmo da compreensão universal.

Para você, também, não há outro remédio na Terra senão prosseguir avante, procurando manter no seu espírito a bênção da divina serenidade. E quando o desalento assediar, de longe, o seu coração, lembre-se da súplica de Jesus, em favor dos continuadores amados. No capítulo 17, do Evangelho de João, o Mestre exclama: "Não são do mundo, como eu do mundo não sou". Não ignorava que a sua lição deslocaria a mente dos aprendizes, reajustaria os valores da existência aos olhos de cada discípulo, perante a revelação da eternidade e lhes traria profunda renovação interior. Compreendia

Jesus que esse trabalho é básico e essencial na edificação do Reino de Deus, e reconhecendo que necessitava esclarecer os aprendizes, de maneira inequívoca, Ele mesmo tomou a posição da margem. Nem no Céu, onde não poderia descansar ainda, nem na Terra, onde não conseguiria identificar-se com a maioria dos mortais, e sim na cruz, na situação de Marginal Divino, convidando as criaturas ao monte da Ressurreição.

É evidente, pois, que o Cristo previu esse desajustamento temporário e espera que o cooperador fiel de sua obra tome a cruz que lhe pertença e lhe siga os passos, a caminho da vida imortal.

X

47

Parábola moderna

Eis que, em plena assembléia de espiritualidade, se levantou um certo companheiro intelectualista e dirigiu-se ao amigo sábio e benevolente, que se comunicava através da organização mediúnica, perguntando, para tentá-lo:

— Benfeitor da Humanidade, que devo fazer para alcançar a vida eterna? Como agir para entrar na posse da verdadeira luz?

Respondeu-lhe o Orientador:

— Que te aconselha a doutrina? Como lês o ensinamento do Cristo?

O consulente pensou um minuto e replicou:

— Amarás o Senhor teu Deus, com todo o coração, com toda a alma, com todas as forças, com todo o entendimento, e a teu próximo como a ti mesmo.

O sábio espiritual sorriu e observou:

— Respondeste bem. Faze isso e alcançarás a vida eterna.

Contudo, o intelectualista, apresentando justificativa e desejando destacar-se no círculo dos irmãos, interrogou ainda:

— Como reconhecerei o meu próximo?

O comunicante assumiu atitude paternal e narrou:

— Um "espiritista" convencido quanto à sobrevivência da alma, mas não convertido ainda ao Evangelho de Jesus, seguia de Madureira para a Gávea, quando encontrou, em certa rua, determinada reunião de pessoas bem-intencionadas, mas ignorantes das letras do mundo, tentando a prática do amor aos semelhantes, possuídas de sincera e profunda boa vontade. Porque viviam distanciadas da ciência da expressão, suas palavras evidenciavam muita imperfeição de gramática, embora a excelente disposição que revelavam no exercício de virtudes santificantes. Os desencarnados que cooperavam na obra, observando que se aproximava um irmão detentor de elevados conhecimentos, indicaram-lhe o nome para que se lhe rogasse a valiosa colaboração. Instado pelos trabalhadores daquele piedoso núcleo do bem, o cavalheiro aproximou-se, sondou o ambiente e negou-se, acrescentando:

— Não, não posso cooperar! Isto não é Espiritismo.

E passou apressado, em busca de seus interesses.

No entanto, um materialista de bom coração e reta consciência, que vinha pelas mesmas ruas, encontrou a pequena assembléia e, observando-lhe a determinação na prática do bem, distribuiu palavras de conforto e encorajamento entre aquelas criaturas de aprimoradas qualidades morais, deixando, ali, as bases de uma escola que funcionaria, em breve, aperfeiçoando valores e melhorando conhecimentos.

Seguia o mencionado "adepto" do Espiritismo, estrada afora, quando se lhe deparou um quadro doloroso. Miserável mulher, exibindo terríveis sinais de sífilis, caíra nas vizinhanças de soberbo jardim, cercada por duas companheiras de infortúnio, necessitadas do braço de um homem caridoso que auxiliasse o transporte da enferma. Sentindo a aproximação do crente, sob nosso exame, acorreram, pressurosas, ambas as infelizes que ainda podiam andar, suplicando-lhe socorro em palavras da gíria, a evidenciarem, porém, justificada aflição e ardente desejo de ser úteis. O "espiritista" reparou que se encontrava nas adjacências de uma grande casa, dedicada a prazeres menos dignos e, receando o falso julgamento de sua conduta, negou-se, exclamando:

— Não, não posso ajudar! Isto não é Espiritismo.

E afastou-se, sem mais delongas.

Entretanto, o ateu, que lhe vinha nas pisadas, ouviu o clamor das mulheres e, longe de qualquer pensamento malicioso alusivo ao local, amparou a pobre criatura, providenciando, imediatamente, para que fosse asilada em hospital próximo e colaborou no pagamento das despesas, alheio a qualquer idéia de compensação.

Mais adiante, seguindo o "espiritista" o seu caminho, encontrou um grupo de trabalhadores, filiados às igrejas evangélicas do protestantismo, angariando auxílios para um serviço de assistência a meninos desamparados. Moças e velhos, rapazes e anciãos, cantavam na via pública, enternecendo corações com as reminiscências de Jesus. Findo o número musical, algumas jovens distribuíam flores naturais, em troca de insignificantes donativos, destinados ao socorro de criancinhas órfãs e desvalidas. Uma das graciosas meninas aproximou-se e ofereceu-lhe uma rosa, acrescentando: "Amigo, cooperai conosco na assistência aos pequeninos abandonados!". O interpelado, porém, viu que o agrupamento trazia numerosos exemplares de jornais e revistas com interpretações religiosas diferentes daquelas que o seu raciocínio aceitava, e, colocando-se em posição contrária à cooperação cristã, respondeu rudemente:

— Não, não posso atender! Isto não é Espiritismo...

E prosseguiu, rua afora, apressadamente.

Todavia, o materialista bondoso, que o seguia acidentalmente, foi colhido pela solicitação das jovens e, sentindo-se feliz, pela expressão de humanidade que a reunião apresentava, conversou alegremente com as meninas, encorajando o serviço de confraternização e benemerência que se levava a efeito, e, depois de anotar o endereço da instituição, a fim de acompanhar o trabalho de mais perto, valeu-se da bolsa que trazia e adquiriu muitas flores de auxílio, com o espírito amigo das boas obras e não com a disposição agressiva dos combatentes, despreocupado de qualquer recompensa.

E o "espiritista" seguiu seu caminho para a Gávea e o materialista continuou na estrada de bondade espontânea.

O mentor fez longo intervalo e, em seguida, perguntou ao consulente:

— Qual dos dois, a seu ver, aprendeu a reconhecer o próximo, prestando-lhe a atenção que devia?

— Ah! certamente — replicou o interlocutor, sensibilizado — foi o materialista, que sentia prazer em servir, trabalhando por um mundo melhor.

O sábio espiritual sorriu e falou-lhe, antes de despedir-se:

— Então, vai, e faze tu o mesmo...

48

O discípulo ambicioso

Quando Judas, obcecado pela ambição, procurou avistar-se com Caifás, no Sinédrio, trazia a cabeça incendiada de sonhos fantásticos.

Amava o Mestre — pensava, presunçoso —, entretanto, competia-lhe cuidar dos interesses dele. A vaidade absorvia-o. A paixão pelas riquezas transitórias empolgava-lhe o espírito. Despreocupado das necessidades próprias, intentava resolver os problemas do Senhor, perante as forças políticas do tempo. Valer-se-ia da influência prestigiosa dos sacerdotes, movimentaria Jerusalém, tomaria o cetro do povo israelita, em obediência às tradições dos reis e juízes do passado e, logo que fosse consolidado o poder, restituiria a Jesus a direção, a honra, a chefia... O Mestre ensinava a concórdia, a tolerância, a paciência e a esperança, mas como efetuar as reformas necessárias através de simples atitudes idealistas?

E o discípulo, em atitude de homem escravizado à ilusão, aguardava Caifás, que não se fez esperar muito tempo.

Na sala enorme, iniciaram discreta conversação.

O sumo sacerdote, após abraçá-lo com fingida simpatia, observou, em tom cordial:

— Com que então o Templo tem a felicidade de contar com a sua valiosa colaboração!

— Ah! sim, é verdade — exclamou o leviano aprendiz, sentindo-se envaidecido.

Caifás, consciente da própria importância na administração de Jerusalém, voltou a dizer:

— Precisávamos de alguém, com bastante coragem, para salvar o Messias Nazareno.

— Oh! sim — disse Judas, contente —, compreendo a situação.

— De fato — prosseguiu o chefe do Templo — necessitamos de um rei que nos restaure a liberdade política e, em boa hora, os galileus nos oferecem tal oportunidade. Aliás, tenho muito prazer em tratar com a sua pessoa, homem providencial na realização, que não perde tempo com palavras ociosas. Tentei abordar indiretamente outros homens daqueles que acompanham o Nazareno, porém, todos eles, ao que me pareceu, são esquivos e indecisos. Creia, no entanto — e elevou muito o diapasão de voz, impressionando o interlocutor pela segurança verbal —, creia, porém, que o seu gesto, anuindo aos nossos propósitos, apressará a vitória do Messias, conferindo elevados títulos aos seus companheiros. Terão eles destacada posição de domínio e sentar-se-ão na assembléia mais alta do povo escolhido. É tempo de libertação e, certo, Jesus é o rei que Jeová nos envia.

Judas não cabia em si mesmo, tal o contentamento que lhe tomava o coração. Preocupado, no entanto, com a situação do Profeta, a quem tanto devia, perguntou, humilde:

— E o Mestre?

Dissimulou Caifás os sentimentos sinistros que lhe vagavam na alma e respondeu em voz quase doce:

— Compreenderá, certamente, a necessidade das medidas aparentemente rigorosas. O Mestre, por exemplo, segundo o plano estabelecido, será preso, por uma questão de segurança pessoal. Será detido, a fim de que se coloque a salvo de qualquer incidente desagradável, enquanto nos valeremos da grande aglomeração de patriotas na cidade para proclamar a nossa independência. Liquidada a vitória inicial, com a submissão das autoridades romanas, coroaremos o Messias, que ostentará o cetro do poder.

O discípulo exultava. Conhecedor antigo dos efeitos da lisonja nos corações indisciplinados e invigilantes, Caifás continuou:

— O meu prestimoso amigo, até que se resolva a situação em definitivo, chefiará os companheiros e receberá as homenagens que lhe são devidas. Tomará o lugar do Messias, provisoriamente, e ditará ordens, até que Ele próprio, com a garantia desejável, possa assumir o poder.

Satisfeitíssimo, o visitante indagou:

— E que devo fazer inicialmente?

O sacerdote perspicaz respondeu com naturalidade:

— Não temos tempo a perder. Formaremos a documentação necessária.

— Como devo fazer? — perguntou ainda o aprendiz enganado.

— Chamarei as testemunhas — esclareceu o sumo sacerdote — e, perante nós, responderá afirmativamente a todas as interrogações que lhe forem dirigidas. Não precisará informar-se quanto a particularidade alguma. Bastará responder "sim" a todas as perguntas formuladas. Posso dispor de sua lealdade?

Judas não hesitou. Estava decidido a seguir as instruções, de modo incondicional.

Mais alguns minutos e organizou-se pequena assembléia, com juízes e testemunhas. Dois escribas perfilaram-se para fixar as declarações. Formada a reunião, o sumo sacerdote chamou o denunciante e iniciou o interrogatório:

— É discípulo de Jesus, o Nazareno?

Confiante, Judas respondeu:

— Sim.

— Vem fazer declarações ao Sinédrio, como judeu convicto da santidade da lei?

— Sim.

— Afirma que o Messias Nazareno pretende ser o rei de Israel?

— Sim.

— Assegura que Ele promete a revolução contra o poder de César e a autoridade de Antipas?

— Sim.

— É verdade que Ele odeia os romanos?

— Sim.

— Deseja, de fato, aproveitar a Páscoa, para começar a rebelião?

— Sim.

— Declarará a emancipação política de Israel, imediatamente?

— Sim.

— Promete lutar contra quaisquer obstáculos para derrubar as combinações políticas existentes entre Roma e esta província, no sentido de coroar-se rei?

— Sim.

De posse das declarações comprometedoras, Caifás interrompeu o inquérito, mandou que Judas esperasse na ante-sala e iniciou providências junto de romanos e judeus, para que Jesus fosse preso, imediatamente, como agitador político e explorador da confiança pública.

Em breves horas, um grupo de soldados postava-se nas vizinhanças do Templo, à espera da ordem final, e Caifás, compensando Judas com algum dinheiro, fez-lhe sentir a necessidade de sua orientação na prisão inicial do Messias, assegurando que, em breve tempo, se cumpriria a redenção de Israel.

O discípulo invigilante foi à frente de todos e encaminhou a triste ocorrência.

....

E, quando os fatos marcharam noutro rumo, debalde o Iscariote procurou avistar-se com as autoridades, tão pródigas em promessas de poderes fascinantes. Findo o processo de humilhações, encarceramento, martírio e condenação de Jesus, o aprendiz infiel conseguiu encontrar o sumo sacerdote e alguns intérpretes da lei antiga, em animada conversação no Sinédrio. Em lágrimas, Judas rogou que fosse interrompida a tragédia angustiosa da cruz, e sentindo, tarde embora, que fora vítima da própria ambição, devolveu as moedas de prata, exclamando, de joelhos:

— Socorrei-me! Cometi um crime, traindo o sangue inocente!... A vaidade perdeu-me, tende compaixão de mim!...

Os interpelados, porém, como velhos representantes da ironia humana, responderam simplesmente:

— Que nos importa? Isso é contigo...

49

Preparação familiar

O problema familiar, por mais que nos despreocupemos dele, buscando fugir à responsabilidade direta, constituirá sempre uma das questões fundamentais da felicidade humana.

É um erro tremendo supor que a morte apaga as recordações, à maneira da esponja que absorve o vinagre, na limpeza do vaso culinário. Certamente, os laços menos dignos terminam na sombra do sepulcro, quando suportados valorosamente, e encarados como sacrifício purificador, na existência material. Noventa por cento, talvez, dos matrimônios, infelizes pela ausência de afinidade espiritual, extinguem-se com a morte, que liberta naturalmente as vítimas dos grilhões e dos algozes. O Evangelho de Jesus ensina entre os vivos que

Deus não é deus de mortos, e os que perderam a indumentária carnal, sentindo-se mais vivos que nunca, acrescentam que Deus não é deus de condenados. Que os Otelos da Terra se previnam, em suas relações com as Desdêmonas virtuosas do mundo, porque, além do cadáver, não poderão apunhalar as esposas livres da carne; e as mulheres ciumentas, desgrenhadas dentro da noite, a gritarem blasfêmias injuriosas contra os maridos inocentes, preparem-se para longo tempo de separação na esfera invisível, onde, na melhor das hipóteses, receberão serviços reeducativos, em seu próprio favor.

A morte seria um monstro terrível se consolidasse as algemas terrestres naqueles que toleraram heroicamente a tirania e o egoísmo de outrem. Além de seus muros de sombra, há castelos sublimes para os que amaram com alma e entesouraram, com o sentimento mais puro, o ideal e a esperança numa vida melhor; e há também precipícios escuros, por onde descem os revoltados, em desespero, por não poderem oprimir e martirizar, por mais tempo, os corações devotados e sensíveis, de que se rodeavam na Terra.

Feita a ressalva, alusiva aos princípios de afinidade que regem a sociedade espiritual, recordemos a missão educativa que o mundo confere ao coração dos pais, em nome de Deus.

Constituiria ato casual da Natureza a reunião de duas criaturas, convertidas em pai e mãe de diversos seres? Mera eventualidade o erguimento de um berço enfeitado de flores?

Diz a Medicina que o fato se resume a simples acontecimento biológico, o estatuto político relaciona mais um habitante a enriquecer o povoamento do solo, e a Teologia sustenta que o Criador acaba de formar outra alma, destinada ao teatro da vida, enquanto a instituição doméstica celebra a ocorrência com desvairada alegria, muito bela sem dúvida, mas vizinha da irreflexão e da irresponsabilidade. É razoável que os pais sintam emoções verdadeiramente sublimes e acolham o rebento de seu amor com indefiníveis transportes de júbilo. Todavia, é necessário acrescentar que a galinha e a leoa fazem o mesmo. Certas aves do sul da Europa chegam a roubar pequeninas jóias de damas ricas, a fim de adornarem o ninho venturoso pela chegada dos filhotinhos. Por esse motivo, no círculo da Humanidade é preciso instituir serviços eficientes contra o carinho inoportuno e esterilizante.

Os filhos não são almas criadas no instante do nascimento, conforme as velhas afirmativas do sacerdócio organizado. São companheiros espirituais de lutas antigas, a quem pagamos débitos sagrados ou de quem recebemos alegrias puras, por créditos de outro tempo. O instituto da família é cadinho sublime de purificação e o esquecimento dessa verdade custa-nos alto preço na vida espiritual.

É lamentável nosso estado da alma, quando voltamos à vida livre, de coração escravizado ao campo inferior do mundo, em virtude do olvido de nossas obrigações paternais. Em vão, tentaremos ensinar tardiamente as lições da realidade legítima; debalde nos abeiraremos dos corações amados, para recordar a eternidade da vida. Semelhantes impulsos se verificam fora da ocasião desejável, porque a fantasia já solidificou a sua obra e a ilusão modificou a paisagem natural do caminho. Não valem mais o pranto e a lamentação. É indispensável aguardar o tempo da misericórdia, já que menosprezamos o tempo do serviço!

Precatem-se, pois, os pais e mães terrestres, para que não se percam, envenenando o coração dos filhos, a distância do dever e do trabalho. Aniquilem o egoísmo afetuoso que os cega, se não querem cavar o abismo futuro!...

Enquanto escrevo, ouço um amigo, já arrebatado igualmente da vida humana, que me pede endereçar aos companheiros encarnados as seguintes ponderações:

— Bem-aventurados os pais pobres de dinheiro ou renome, que não tolhem a iniciativa própria dos filhos, nos caminhos da edificação terrestre! Através do trabalho áspero e duro, de decepções e dificuldades, ensinam aos rebentos de seu lar que são irmãos dos batalhadores anônimos do mundo, dos humildes, dos calejados, construindo-lhes a ventura em bases sólidas e formando-lhes o coração na fé e no trabalho, antes que venham a perverter o cérebro com vaidades e fantasias! Esses, sim, podem abandonar a Terra, tranqüilamente, quando a morte lhes cerrar as pálpebras cansadas... Mas infortunados serão todos os pais ricos de bagagens mundanas, que desfiguram a alma dos filhos, impondo-lhes mentirosa superioridade pelos artificialismos da instrução paga, carregando-lhes a mente de concepções prejudiciais, acerca do mundo e da vida, pelo exercício condenável de uma ternura falsa! Esses esperem pelas contas escabrosas, porque, de fato, tentaram enganar a Deus, distanciando-lhe os filhos da verdade e da luz divina... Depois da morte do corpo, sentirão a dor de se verem esquecidos no dia imediato ao dos funerais de seus despojos, acompanhando, em vão, como mendigos de amor, os filhos interessados na partilha dos bens, a revelarem atitudes cruéis de egoísmo e ambição!

Com estas palavras de um amigo, finalizo minhas despretensiosas considerações sobre as responsabilidades domésticas, mas duvido que existam pai e filhos na carne com bastante sensatez para nelas acreditarem.

50

Oração de um morto pelos mortos

Senhor Jesus: muita vez o trabalhador do campo da vida interromperá o serviço do arado, não para olhar atrás, misturando saudades da esfera inferior com aspirações do plano sublime, mas para fixar as zonas mais altas e rogar-te o auxílio imprescindível!

Mestre de sabedoria e bondade, não te venho pedir hoje pelos que ainda se prendem à luta da carne! O faminto, que se arrasta no mundo, na maioria das vezes encontrará uma côdea de pão; o doente, quase sempre, achará remédio salutar. Venho pedir-te por todos aqueles que a morte arrebatou ao corpo físico, inesperadamente, quando seus corações navegavam em pleno mar de ilusão; por aqueles que deixaram os afetos mais caros, que abandonaram o ninho doméstico entre angústias e lágrimas, que desertaram compulsoriamente dos serviços materiais em que punham a esperança!... Muitos deles, Jesus, acordaram em regiões que supunham não existir; outros amparam-se ainda com os familiares do mundo, tentando restaurar uma situação que a Divina Lei considera encerrada, em definitivo; outros ainda, Mestre, se conservam apegados ao sepulcro que lhes guarda os despojos, procurando inutilmente renovar as exaustas energias orgânicas!...

Senhor, por que não pedir por eles ao teu amor que nos legou a doutrina do túmulo vazio?

É verdade que a maioria deles, pobres espíritos infelizes e perturbados, menosprezaram-te o nome, esquecendo as obrigações que lhes competiam na Terra... Inegavelmente, criaram dolorosos infernos de remorso e sofrimento para si mesmos, que a tua própria complacência não pode remover, nem destruir, em virtude das soberanas e indefectíveis Leis do Eterno, mas nós te rogamos um raio de luz que os esclareça, uma gota do bálsamo de teu infinito amor que lhes alivie os inomináveis padecimentos!... Ensina-lhes ainda, por intermédio de teus mensageiros abnegados, o desprendimento dos derradeiros laços que os escravizam aos enganos do passado cruel! São míseros paralíticos do coração, que perderam o movimento fácil, por haverem desprezado os raciocínios nobilitantes, e cegos que subtraíram a visão a si mesmos, viciando os olhos na contemplação de fantasias sem-número, no círculo das sombras terrestres! Sabemos, Jesus, que os paralíticos e cegos voluntários dificilmente encontrarão a cura precisa; entretanto, ousamos suplicar tua bênção divina para todos esses infortunados que, em desespero, vagueiam sem rumo na crosta planetária!

Ajuda-os, por compaixão, a se desfazerem das ilusões que os prendem à inquietação e ao tormento íntimo, auxilia-os no aprendizado da arte difícil de dizer adeus! Dá-lhes a noção de que a existência última do corpo se lhes fechou à alma, como se cerra um livro de contas do mundo, e ampara-lhes o coração oprimido para que se ponham a caminho da liberdade espiritual! Que possam reconhecer, ao influxo de teu amor, a cessação de todos os direitos transitórios da Terra, em face da morte renovadora, e que troquem os títulos convencionais, que lhes uniam o espírito na carne aos seres queridos, pelos títulos gloriosos da fraternidade imortal, sem limitações e sem fronteiras! Reconhecemos que todos eles, como nós outros, estão assinalados por débitos vultosos perante a tua misericórdia e sabemos que é impossível fugir ao resgate. Todavia, nós te suplicamos a bênção de luz, a fim de que se desfaçam as sombras que nos cercam.

Jesus, compadece-te dos novos Lázaros sepultados no túmulo das ilusões e ajuda-os para que sejam desenfaixados e ressuscitem, de fato, ao clarão da verdade eterna! Senhor, Tu que iluminaste os caminhos da vida, atende-nos a súplica e clareia também os caminhos da morte!...

Este livro foi impresso
no Departamento Gráfico da
FEDERAÇÃO ESPÍRITA BRASILEIRA
na cidade do Rio de Janeiro
em janeiro de 2009.

www.febnet.org.br